Frammenti sull'Essere e sul nulla

Loyev Books

Frammenti sull'Essere

e sul nulla

Massimiliano Bavieri

Loyev Books

ISBN: 978-1-947515-08-6

Loyev Books

philopractice.org/web/loyev-books

1165 Hopkins Hill Road, Hardwick, Vermont 05843

USA

Indice

Loyev Books

L'Essere, infatti, è.

(Parmenide)

Sempre accusare le cose d'insufficienza e di nullità, e patire mancamento e voto, e perciò noia, pare a me il maggior segno di grandezza e di nobiltà, che si vegga della natura umana.

(Giacomo Leopardi)

Loyev Books

INTRODUZIONE

Una visione del reale, perché si avvicini al vero, non deve necessariamente possedere i caratteri della novità; più essa mostra di avere senso e coerenza, più essa perde i caratteri dell'originalità; quest'ultima si presenta anzi, alla luce di ciò che è vero, come un elemento perturbante e dannoso, un intralcio mimetizzatosi nelle forme della singolarità e della curiosità.

In queste pagine espongo la mia visione del reale. Il pensiero che mi guida è la differenza assoluta, da una parte, fra il mondo e l'uomo nel mondo, soggetti al divenire e alla morte, e, dall'altra parte, l'Essere, a cui realmente apparteniamo e al quale siamo ricondotti quando accade in noi il riconoscimento dell'eternità nell'io – ossia l'identificazione di ciò che, in noi, è parte dell'Essere.

L'aforisma scritto nel pronao del tempio di Apollo a Delfi recitava queste parole: «Conosci te stesso». Questa è, ancora oggi, la domanda a cui dobbiamo dare una risposta; poiché se è vero che una risposta ad essa è già stata data, è anche vero che sempre di nuovo ricadiamo indietro, ad ogni nuova generazione, a uno stato di ignoranza di ciò che è più essenziale, cosicché è necessario ogni volta uno sforzo di riappropriazione di ciò che è stabile e sta sui propri piedi da sé – e questo richiede una fatica immane per il pensiero. A causa di questo ritornare indietro, ci troviamo ogni volta costretti, all'inizio della ricerca, a muoverci quasi alla cieca, incapaci di leggere il reale e di orientarci, in un mondo che non è l'Essere.

L'Essere vero non è una trascendenza che stia in relazione al mondo e all'uomo nel mondo come loro fondamento, in qualunque modo questo rapporto sia immaginato. L'Essere vero non si dedica in alcun modo al mondo, né, tanto meno, all'uomo nel mondo. Questi si trovano, da sempre, al di fuori dell'Essere. Quest'ultimo solo è reale; al di fuori dell'Essere, è il nulla, cui noi apparteniamo. Noi, tuttavia – in un senso che cercherò di chiarire – siamo al di fuori dell'Essere e, nello stesso tempo, siamo anche al suo interno. Nella realtà opposta all'Essere, nella quale ci aggiriamo, non vi è un vero passaggio delle cose dal nulla all'Essere e da questo di nuovo al nulla. La nascita, la morte, il movimento e il cambiamento di ogni singola realtà terrestre avvengono lontano dall'Essere – ossia nel nulla. Ciò che è opposto all'Essere, è per sempre e da sempre un nulla, senza che vi sia per esso passaggio dal nulla all'Essere. Credere che le cose nascano dal nulla, entrando nell'Essere, e poi vi ritornino, è l'estrema follia dell'uomo. Nel mondo, nulla nasce all'Essere o scompare dall'Essere, ma sempre rimane nella lontananza dall'Essere – sempre permane nel nulla. Il solo ad essere come essente, è l'Essere.

Noi, esistendo in questo mondo, siamo i portatori del ricordo dell'Essere – della nostra parte di Essere; è un ricordo che, tornando a noi all'improvviso alla memoria, riesce a inebriarci come un profumo che improvvisamente ci avvolge. Col ricordo dell'Essere, prende forma in noi una consapevolezza infinita della pienezza in cui l'Essere permane e costantemente è se stesso – in una sovrabbondanza di sé che ci solleva, in questo corpo e in questo mondo, al di sopra del corpo e del mondo. Questa esperienza non ci trasforma nel nostro esser ciò che siamo; essa è possibile solo perché noi siamo già nell'Essere.

Nella metafisica si raggiunge il culmine con la domanda circa il "nulla", quando, interrogandoci sull'essere del mondo, si pone la relazione fra essere e mondo come differente dal nulla. Qui ci si ferma senza via di uscita, poiché, nel distinguere il nulla dal mondo e dal suo essere, lo si rende qualcosa che potrebbe venire a prendere il posto del mondo e del suo essere, sostituendosi ad essi in modo definitivo – ed è tale possibilità ad esser fonte di un'angoscia che il pensiero deve sempre di nuovo domare, legando mondo ed essere in modo da pensarli nella loro necessaria relazione e assoluta pienezza. Questo è il vertice della metafisica occidentale. Qui, però, diviene chiaro che la metafisica è immersa nel nichilismo, poiché ciò che in essa si dimentica è che vi è identità fra il mondo e il suo essere, da una parte, e il nulla, dall'altra; si dimentica che il mondo e il suo essere vanno continuamente verso il proprio annullamento; ed è dietro a questa dimenticanza che si nasconde l'altra più grande dimenticanza – quella relativa all'Essere vero: infatti, se il mio sguardo è impegnato a osservare il mondo e il suo essere, e se ciò riempie tutto il mio campo visivo, io considero tale mio oggetto come tutto ciò che vi possa essere. Se invece sposto il mondo e il suo essere in secondo piano grazie all'esperienza del loro nulla, lo spazio che rimane così aperto può essere occupato da "altro" rispetto ad essi. Il nulla che si opponeva al tutto si rivela ora come "altro" – un "altro" che è Essere.

In questo vivere dell'io fuori dal mondo e dal suo essere, al di là di essi, profondato in ciò che sta ad essi di contro come loro "altro", è la vera vita dell'io – è una vita nell'Essere, la quale risiede nel fondamento perenne oltre il mondo. È questa la vita dell'io nella verità.

Questo, in breve, è il centro del mio pensiero, che di seguito cerco di esporre.

FRAMMENTO 1

L'uomo conosce la realtà del mondo sempre più a fondo, e, con essa, conosce se stesso come parte del mondo. Noi, però, non vogliamo conoscere noi stessi come oggetti del mondo, ma vogliamo raggiungere una conoscenza completa riguardo a noi stessi, che non lasci residuo alcuno di oscurità. Questo obiettivo si mostra subito di difficile raggiungimento. Non appena scendiamo nella nostra interiorità per conoscerci in modo compiuto una volta per tutte, ci smarriamo in un bosco di cui non individuiamo i limiti e, invece di comprendere noi stessi, non ci rimane in mano niente altro che un fantasma senza consistenza. Dello spirito umano non troveremo mai i confini – ci disse già Eraclito – per quanto essi vengano ricercati. Ma lo spirito umano non ha una forma identificabile soltanto perché esso non è solo se stesso – perché esso è se stesso ed è anche parte di qualcosa che lo supera. Alla domanda: "In che modo dovrei conoscermi, per poter affermare di conoscere me stesso?" è allora da rispondere che io non posso conoscermi come un oggetto di conoscenza distinto da un resto.

Io, inoltre, risulto opaco a me stesso, sfuggendo continuamente alla presa della mia mente, soprattutto perché mi ostino a volermi conoscere solo come corpo – solo come ciò che "non è". È, però, solo ciò che non è corpo a costituire il mio vero io. Dove va individuato questo mio io? Per prima cosa, va messa da parte l'idea che esso possa essere definito in qualche modo: poiché nel farlo, infatti, mi ritroverei alla fine a tentare di descrivere solo quello che io sono come io ristretto e limitato; ciò, però, mi porterebbe fuori strada, proprio perché io sto cercando di avvicinarmi a quello che io, come corpo, non sono. Ciò che io non sono – ma che, però, è ciò a cui io sono identico – non è indicabile in senso diretto, né è esprimibile in termini logici. Questa limitazione, ad ogni modo, non è un ostacolo alla ricerca della natura profonda dell'io e del reale.

Io mi comprendo in modo autentico solo quando mi scopro come ciò che ero – come quell'io che è il proprio passato – quell'io che nel presente trova solo "larve paurose" da cui dover fuggire, perché da queste viene soffocato e trasformato in uno schiavo di sé e dei propri limiti. L'io che è ciò che era, il quale si presenta come vera origine situata "dietro" e "prima" dell'io minorato, può essere e riconosciuto e voluto. Non vi è felicità per l'uomo, se non può riconoscere se stesso: rinchiuso nel "solipsismo del suo io" – come si esprime Ebner – ogni suo atto, ogni suo pensiero, ogni sua parola, accadono nell'assurdità di una mancanza fondamentale di senso, che è disperazione.

Ciò che non entra nell'orizzonte di quest'io isolato è il suo io, nella sua assoluta necessità. Quest'io non isolato, però, in che modo è raggiungibile? Un punto deve restare fermo: ciò che noi siamo sfugge al nostro riconoscimento proprio perché non siamo ciò che, come corpo, siamo. Per noi, ciò che non siamo è quello che vi è di più essenziale.

Si ritiene che l'uomo possa essere solo cosciente di sé, senza mai poter divenire "autoconoscente"; questa seconda possibilità non si darebbe mai. Questo, tuttavia, è vero solo se non riconosciamo l'io. Io so di non essere causa di me stesso, ma di venire da altro. La mancanza di possibilità di conoscere se stessi come un oggetto qualsiasi indica che noi non siamo un oggetto qualsiasi. Io, volendo conoscere me stesso, mi sforzo di raggiungere una condizione di perfetta conoscenza. "Conoscere se stessi" nel modo appropriato significa riconoscere da dove veniamo – e ciò significa che, conoscendo se stesso, l'io riconosce qualcosa di diverso da sé, che è ciò da cui proviene. Questa è la vera conoscenza di sé. La mancanza di possibilità di conoscere se stessi in modo autentico in quanto si è parte del mondo indica che non vi è alcun "io" autentico che sia parte del mondo. Conoscere se stessi significa conoscere qualcosa di diverso dall'io che fa parte del mondo. Questa conoscenza sospende la realtà di ciò che noi siamo ora come parte del mondo. La conoscenza di sé come si è prima di essere parte del mondo, è la vera conoscenza di sé. Io, come parte del mondo, in realtà non sono. Io sono solo la mia profondità interiore, che è la morte di ogni mio modo di essere come parte del mondo. Io sono, solo in quanto reco in me la mia parte di Essere, la quale indica in direzione dell'Essere vero – che è il luogo da cui sono stato separato.

Se io non sono che negatività, l'unica esperienza degna di valore ha a che fare con ciò che non è umano, ossia è esperienza della mia impossibilità – di ciò che io non sono. Per realizzare il proposito della separazione dell'io da ciò che sta intorno ad esso come incrostazioni malsane, noi scegliamo allora di imporre a noi stessi la mortificazione dell'io e la rinuncia al mondo, che si realizzano come un segregarsi dentro uno spazio chiuso, in un recinto nel quale poter continuare a vivere senza vivere un'esistenza nel mondo – sfuggendo così allo scendere a patti con esso. Pochi seguono questa via: in essa, questi solitari trovano la loro dimensione di vita – una vita che non è vita nel mondo, bensì una vita in cui l'io, vivendo il nulla della morte al mondo, si libera dalla disperazione, slanciandosi oltre la piattezza del deserto in cui vive la sua esistenza. Qui, il nulla che viene scoperto non è solo un nulla.

Quando si scopre l'assurdità della vita, l'unica salvezza si trova in ciò che è oltre la vita. La sua assurdità stessa ci spinge al suo superamento. Oltre l'assurdo significa che già da ora, avvolti nell'abbraccio di carne e mondo, noi sappiamo come guardare altrove.

La condizione dell'io, quando l'ignoranza di sé è completamente sradicata, è quella di un io che riconosce la potenza che non lo ha posto come io nel mondo. Qui sta la vera possibilità dell'esodo dalla chiusura dell'io nel suo rapporto col mondo. L'io non esiste da sé, né poggia su una potenza che lo abbia posto come io nel mondo; esso riposa bensì su una potenza che, non avendolo voluto nel mondo, è vicino ad esso quanto più le sia possibile, e ancora di più nella condizione di disperazione assoluta in cui l'uomo, nel mondo, versa. L'Essere vero si mostra, nella nullità dell'io nel mondo, come una vicinanza assoluta all'io, che mantiene quest'ultimo nella sua solitudine, separandolo da ciò che non avrebbe mai dovuto esistere come corpo e mondo.

L'uomo è pronto a comprendere autenticamente se stesso quando si rende conto di non avere fondamento nel mondo. Quando l'uomo fallisce nel suo tentativo disperato di essere sufficiente a se stesso, è allora aperto all'esperienza di ciò che è altro rispetto a lui. Dobbiamo evitare l'errore di credere che tale alterità, in origine, abbia fondato un io nel mondo, lo abbia creato o voluto – in qualsiasi modo questo rapporto venga pensato. La vera trascendenza non ha creato né posto un io nel mondo. Al contrario, essa non lo ha mai voluto. Io, rinunciando al tentativo di trovare nella mia esistenza il mio fondamento, posso aprirmi alla novità assoluta dell'Essere vero, che non mi era possibile anticipare in alcun modo, poiché senza alcuna relazione con la mia esistenza nel mondo.

Assumere l'assurdo come tale significa vedere davvero in faccia cosa sia il nulla e quale potenza esso abbia. Di fronte all'assurdità della nostra esistenza e del mondo, però, si apre ciò che ne sta oltre. Fin da ora, infatti, posso ascendere alla vita vera, che è nella potenza dell'Essere che non ci ha mai fondato né mai lo volle. Volere soltanto il nulla della mia esistenza e del mondo sarebbe un pervertimento totale del senso dell'Essere, che comporterebbe la chiusura della possibilità, per l'Essere vero, di manifestarsi all'io, e, per l'io, la fine di ogni possibilità di comprendere se stesso. Nella conoscenza disperata, io mi isolo dal resto dell'Essere, sforzandomi di realizzarmi come esistenza separata. Nel conoscermi adeguato, invece, io non mi segrego dall'Essere, ma mi conosco come termine di una relazione ad esso (senza cogliere alcunché di carnale, terreno, temporale, quale soggetto costituente il mio io in tale relazione) in quanto portatore della mia parte di eterno. La conoscenza impossibile di sé – che è, in sé, distruzione di sé – è tale poiché cerca di compiere una impossibilità, ossia di distogliere l'io dal suo rapporto coll'Essere. Che io non possa distruggermi significa che io *non posso* conoscermi come un io separato dall'Essere.

In rapporto all'Essere, io non converto il nulla del mondo nel suo opposto, bensì lo mantengo e lo scavalco, indirizzandomi verso il vero Essere, che non ha nulla a che fare con questo mondo. L'assurdo e il nulla non devono rivelarsi per ciò che è il loro opposto, o come ciò che non è solo assurdo e nulla. Se infatti così fosse, non potrei anelare alla realtà vera. Questo mondo assurdo e indecifrabile, nel quale io mi trovo profondato, non mi si presenterà mai come Essere opposto al Nulla, bensì solo come ciò che rimane se stesso, resistente nella sua asprezza e incoerenza somme.

Questo mondo è solo se stesso. Sulle sue nullità e alienazione, però, io non posso vivere. Sull'assurdo, non posso che fondare la decisione di assimilarmi ad esso. Ma in questa unione col mondo io dovrei andare incontro, fin da subito, al disfacimento di ciò che io, realmente, sono. Solo se mi accorgo che questo è impossibile, io, resistendo al mondo, posso riconoscere l'Essere al di là del nulla, che sta qui vicino a me da sempre, e che mai mi ha posto qui, dove ora esisto.

Hegel afferma, nella *Prefazione* alla *Fenomenologia dello Spirito*, che «lo spirito conquista la propria verità solo a condizione di ritrovare se stesso nella disgregazione assoluta. (...) Lo spirito è questa potenza solo quando guarda il negativo e soggiorna presso di esso. Tale soggiorno è il potere magico che converte il negativo in essere». Io, da parte mia, so di non poter convertire il negativo in essere. Io non ho questo potere magico. La realtà è assurdità, errore, nulla, e morte: sono questi i caratteri di fondo di quello che noi e il mondo siamo; tutto ciò non può essere trasformato nel suo opposto. Io tengo testa al nulla e alla morte solo perché già da sempre l'Essere, che non mi avrebbe mai voluto, è qui. Il mio anelito a ciò che è reale non è vano.

Dobbiamo considerare la volontà di vita come non voluta dall'Essere, nonostante sia rinvenibile in tutti i viventi. Essa fa un tutt'uno col negativo, col nulla, con la morte. Vita e morte rappresentano la realtà definitiva, un muro invalicabile che ci mantiene al di qua, nell'assurdità di questo mondo. Questa realtà inalterabile, di fronte alla quale non possiamo che fermarci ricolmi di inquietudine tormentosa, è ciò che non è mai stato posto dall'Essere e che, pertanto, l'Essere da sempre ignora, negando con ciò tutto quello che gli si oppone e, insieme, affrancandoci già da ora, nonostante tutto il negativo, dal negativo stesso.

L'angoscia della libertà accompagna l'essere umano lungo tutto l'arco della sua vita. La «vertigine della libertà», afferma Kierkegaard, nasce dalla possibilità di guardare il fondo dell'abisso e di potervisi gettare. La possibilità di compiere l'atto più estremo, che condurrebbe alla mia fine, è fonte di angoscia. In questa ultima possibilità, che cosa è che si rivela? «Il niente è l'oggetto dell'angoscia», scrive Kierkegaard. Il niente che l'angoscia mi rivela è quello della morte che io posso procurarmi – una morte che annulla ogni mia possibilità di essere. Si deve ora riconsiderare questa angoscia dal punto di vista dell'Essere vero, il quale è una chiusura in sé che è opposta a tutto ciò che non avrebbe mai dovuto esistere.

Il nulla estremo, che mi si rivela definitivamente nella possibilità della mia morte, nell'abisso della mia fine, è un nulla assoluto che inghiotte tutto; ma questo tutto, che mai "è", esiste soltanto in contrapposizione all'Essere vero. La morte, in quanto parte dell'oscurità impenetrabile della realtà del mondo, perde allora la sua connotazione negativa, poiché viene ad affiancarsi a una vita e a un mondo che sono privi dei tratti della positività, della permanenza, dell'Essere. Da parte sua, l'Essere non viene affatto interessato dalla negatività e dalla nullità del mondo. L'angoscia del nulla, aprendoci al nulla del mondo, si tramuta allora nella gioia per l'Essere. L'attrazione, che non vorremmo confessare, per una fine che annulla ciò che di bello e desiderabile vi è nel mondo, mi procura angoscia poiché va in direzione opposta alla mia volontà di essere nel mondo. Questa fine che mi si apre di fronte, però, è una voce che, dal fondo del suo abisso, mi trascina fuori dal mondo, lasciandomi libero per l'Essere. L'attrazione per questo nulla è in realtà un richiamo che, sciogliendo i nostri legami col mondo minorato in cui viviamo, ci consente di abbandonare nel nulla solo questo mondo non voluto, in sé già finito e tendente alla sua nullificazione, e, nello stesso tempo, di gettarci nelle braccia di ciò che sta da sempre in contrapposizione al mondo – vale a dire l'Essere vero. La possibilità di questo nulla è nella nostra relazione di negazione al mondo; con ciò, essa si mostra come la possibilità opposta per la vita vera, che trova la sua realizzazione nell'Essere. Scopro la possibilità del nulla, ma, nel contempo, si apre la possibilità contraria della mia permanenza nell'Essere vero.

La nostra relazione con l'Essere è negativa perché il nostro corpo è negato dall'Essere. Per un altro verso, il rapporto dell'io con l'Essere è positivo, poiché, nella nostra profondità interiore, noi siamo uno col rapporto che l'Essere mantiene con se stesso.

La disperazione nasce dalla consapevolezza che la forza che intende realizzare la distruzione dell'io non può compiere il suo atto di annullamento. Si è disperati, insomma, perché sappiamo di non poter distruggere il nostro io nella sua essenza più profonda. L'essenza di cui si sta parlando è forse il mio corpo? La risposta, ovviamente, è negativa. Quello che io sono essenzialmente non è il mio io in quanto parte del mondo, bensì sono io, nella mia profondità che è nell'Essere vero.

La forza di negazione, che spinge all'annullamento dell'essenza dell'io, conduce il mio corpo alla disperazione, poiché tale forza non può trovare appagamento. Essa si oppone con violenza bestiale alla vita in relazione all'Essere; ciò che essa cerca è la sola esistenza nel mondo, la quale non coincide con la vita nell'Essere. La mera esistenza nel mondo non ha nulla a che fare con il reale cui noi aneliamo. La disperazione di non poter distruggere la mia profondità interiore si converte in gioia per la vita nuova e nel dolore per la scoperta della mia assoluta estraneità a tutto l'essere del mondo che mi ha da sempre condizionato e oppresso. Nella disperazione del non potermi distruggere, scopro la realtà della mia vera origine; è in questo momento che vengo preso dallo stupore del riconoscermi altro dalla mia esistenza nel mondo. Io, nella disperazione che sorge dal non potermi distruggere, posso riconoscere la mia vera origine, che è nell'Essere vero; io, qui, capisco di essere un soggetto (il mio corpo) che non è mai stato posto dall'Essere; capisco altresì di essere ciò che, differente dal corpo, è parte dell'Essere.

L'unica salvezza, per me, è nel raggiungere e vivere la disperazione estrema, che si manifesta come tale quando scopro che il mio desiderio di distruzione di me non può essere portato a compimento. Al culmine della mia disperazione, comprendo di trovarmi da sempre in una relazione con l'Essere – in una relazione che mi impedisce di essere consumato dal fuoco del nulla. Comprendo di avere un nucleo, un sé, che non brucia, che non può essere distrutto definitivamente, poiché è in dipendenza dalla potenza che non ci ha voluto qui, e che ci ama, perché ama se stessa.

FRAMMENTO 2

La consapevolezza della nostra nullità essenziale percorre la riflessione filosofica degli ultimi tempi. Che noi non siamo nulla di vero, di stabile e definitivo, ormai è una posizione che non desta più scandalo: Leopardi, Jean Paul, Cioran, così come molti altri pensatori e intellettuali, ci hanno da tempo abituato a pensare a noi come a delle mere nullità che si aggirano senza scopo in un teatro, mentre recitano un copione lacunoso e sconnesso, composto da un drammaturgo pazzo. L'uomo e il mondo appaiono "viziati alla sorgente" (Cioran). Il mondo è un errore che non avrebbe dovuto verificarsi: sorto da un evento che non ha portato nulla all'essere, il mondo e l'uomo permangono instancabili nella condizione dimezzata di una semi-realtà e di un semi-essere, dove bene e male sono legati l'uno all'altro e nulla "è" in modo proprio e definitivo. Il limite attraversa dappertutto la realtà dell'uomo e del mondo: nell'esistenza dell'uomo, esso si mostra come indisponibilità dell'uomo a se stesso – come impossibilità per l'uomo di penetrare il mistero del suo proprio essere. Nel mondo, esso dà origine a quell'inseguimento infinito, della scienza moderna,

di ciò che è la realtà ultima, della "stoffa" di cui
questa è fatta.

L'essere il tutto in fondo nient'altro che nulla (non
è altro che nulla qualcosa che è congegnato per dover
rincorrere la sua stessa fine), e la sua origine da un
errore, sono la parola definitiva sulla realtà. Ma il
pensiero riesce pur sempre, in virtù di un iniziale
"contagio del bene" (così ancora Cioran), a separare
in modo assoluto l'uomo e il mondo dall'Essere vero;
non dandosi mai, insomma, una pienezza della
realtà del mondo e dell'uomo, non può neanche mai
essere che si verifichi una negazione di tutto ciò che
non è mondo e uomo. L'Essere non può esser
distrutto.

Io non ho fondamento; ma è come esistenza nel
mondo che non trovo il mio fondamento. L'estrema
possibilità dell'annullamento dell'Essere vero è fuori
della portata della negazione del nulla, rivolta a tutto
ciò che non è il nulla. È per questo che rimane la
possibilità di un fondamento nell'Essere che non mi
ha posto nel mondo.

Non vi è un fondamento dell'io nel mondo.
L'uomo rinviene in sé, nel mondo, solo una
impossibilità di essere e di conoscere se stesso, che ha
nella morte il suo sigillo supremo. Come esistenza
nel mondo noi siamo una impossibilità, un non poter

essere, un non poter fare esperienza di ciò che riguarda noi stessi nel nostro essere più proprio; ci conosciamo solo come destinati all'annullamento della morte.

È qui, dall'interno di questa consapevolezza angosciata, che nasce lo stupore, quando l'io, straziato dal tormento di essere se stesso, si scopre come ciò che è davvero – come ciò che era, ossia come un soggetto che *è* costantemente nel passato, nell'Essere vero che non si può smuovere. Io sono sempre alle spalle di me stesso: la dimensione di me che viene prima di questo mio corpo situato in questo mondo è la mia vera patria, da cui mi sono distaccato. Lo stupore ci porta fuori da "qui". È "qui" che io esisto, sommerso da flutti che mi traggono verso il profondo dell'abisso. Io, qui, riesco però a esperirmi come identico a ciò che io ero – a ciò che ero in seno all'Essere. La mia profondità interiore, in cui io sono ciò che ero nell'Essere, smette di essere nell'alterità assoluta rispetto a me: io, che sono corpo e sangue, so come resistere, in questo corpo, al disfacimento definitivo. Noi, sbattuti da flutti che ci trascinano in ogni direzione senza motivo, non troveremmo alcuna àncora di salvezza se, posti in questo nostro spazio per il solo fine della nostra disgregazione, non potessimo rinvenire in noi l'eterno. Al contrario, assumere la sola realtà della nullità, senza risalire a prima di essa – a un passato che è ancora – è la forma più alta di disperazione, è una vita nell'assurdo – la quale è capace, tuttavia, di confessare di sapersi accontentare di sé. Noi, al contrario, non possiamo assumere il nostro io nel mondo e godere di esso, perché questo consisterebbe nello scambiare un ramo malato con l'albero – una parte condannata al nulla col tutto.

Secondo un certo pensiero filosofico contemporaneo, io *dovrei* trovare appagamento nella nullità del mondo. Nel nulla, però, non si può trovare alcunché di appagante; in una nullità che è destinata al nulla, che non proviene da nulla, che non è che nulla, non posso trovare la mia patria. Secondo questo pensiero, io sarei un essere che vive nel mondo senza un "da dove?" né un "per dove?"; ciononostante, *dovrei* accontentarmi di questo nulla. Questo ci è suggerito da alcuni pensatori. Come posso però trovare un senso nell'assenza di fondamento? Non dico che la diagnosi sia sbagliata. È vero: siamo senza fondamento. Siamo attraversati dal limite della morte e dall'impossibilità di fondare noi stessi. Questo, però, è solo un punto di partenza. *In questo mondo* io sono un nulla; ma *fuori* dal mondo il nostro fondamento si può trovare. Non potendo rinvenirlo in me stesso, io mi rivolgo a ciò che è oltre me stesso e il mondo, e, con stupore, scopro l'altro, la potenza che non mi ha posto. Superando la disperazione del non poter bruciare ciò che non può essere bruciato, e distruggendo la disperazione all'origine – la quale mi chiede di assimilarmi al nulla – io comprendo la vera origine del mio io, posta nella mia profondità interiore. Oltre la disperazione, io scopro di essere destinato a una estrema chiarezza circa il mio essere, a un nitore assoluto che estingue ogni ignoranza. Liberarmi di questa oscurità è la mia più grande gioia; non posso però realizzare il mio desiderio, se rimango ancorato al mondo e mi muovo in esso; per il mondo, questa possibilità è una impossibilità dell'esistenza, cui non può venire in soccorso in alcun modo: nessuna parola, nessun insegnamento, nessuna prospettiva derivanti dal mondo possono servire a questo scopo. Solo lo stupore, nel mondo, mi consente di valicare il muro che mi separa dalla vita nell'Essere. Nello stupore mi scopro di essere ciò che ero: elemento indistruttibile che non può esser cassato, proprio perché si trova in una potenza amante se stessa. Solo lo stupore, combattendo contro la disperazione, ci permette di scorgere la bellezza nascosta di una luce che brilla nelle tenebre.

La disperazione, che pretende di distruggere ogni forza contraria al nulla assoluto, è efficace finché riesce a tenere lontano dalla nostra mente il ricordo dell'origine vera, della patria, dell'Essere cui noi

aneliamo. Dobbiamo combattere contro tale volontà
di nulla. Io voglio morire come io indisponibile, non
dominabile, non fondabile, inconoscibile, per poter
rinascere come il contrario di tutto ciò: come un io
che conosco dalla radice, che domino, un io di cui
dispongo. Ma questo significa far morire quel corpo
che io stesso sono, che si muove nel mondo.

Noi siamo un accidente che si libera di se stesso
solo in relazione all'Essere vero. Che si creda
fermamente in un'esistenza dell'io separata
dall'Essere, è da riportare alla potenza negativa che
opera nell'Essere stesso, col fine di distruggere la sua
unità. La potenza negativa si manifesta in me come
pulsione che vuole ricondurre ciò che solo è reale al
nulla; essa mette in opera un costante annullamento
dell'unica possibilità che mi è propria.

Poiché siamo pura negatività, l'unica esperienza
degna di valore è quella di ciò che non è umano, ossia
esperienza della *mia* impossibilità, che è possibilità
dell'Essere. Tale esperienza, nonostante la sua
impossibilità, può essere attuata in questo corpo. Se
così non fosse, si aprirebbe davanti a noi solo una vita
dimezzata, della stessa sostanza del nulla. La
possibilità dell'Essere è in questo corpo, poiché in

questo corpo siamo nell'Essere, quando esso viene superato.

Io vivo solo a metà, finché non scopro l'Essere vero. Quando l'io fallisce nel tentativo di distruggere se stesso, gli si apre di fronte la possibilità di riconoscere l'Essere vero trascendente.

FRAMMENTO 3

Da una parte si trova un io mosso dalla logica della negazione di sé, e, dall'altra, vi è un Essere che è se stesso e che, solo con ciò stesso, nega tutto quello che gli è contrario. Io esisto come io disperato che cerca di distruggere se stesso – che cerca di sbarazzarsi di sé. Perché voglio distruggere me stesso? E perché, nonostante lo voglia, non posso distruggere me stesso? Ciò che c'è non poteva manifestarsi in altra maniera? L'Essere, che sempre dimentichiamo, ci viene incontro per rispondere a tali interrogativi.

L'Essere è, e con ciò è posto anche che tutto il mondo non avrebbe mai dovuto esistere, e che io avrei dovuto trovarmi altrove. Eppure, è solo in questo corpo mortale, situato in questo mondo assurdo, che io vivo nella relazione con ciò che mi trascende. Il superamento del corpo trae dalla relazione all'Essere la sua forza infinita. Seguendo la logica del nulla, l'io è da considerare solo come una negatività destinata al nulla della morte; oltre il nichilismo ci possiamo muovere, invece, solo nella prospettiva di una trascendenza che è il completamento dell'io.

Posso vivere una vita soddisfatta del mondo in cui questa si è sistemata; ma in tal modo vivrò senza conoscere davvero me stesso, poiché sarò come un legno spezzato che non sa di sé. A questa vita senza Essere si oppone la vita di chi è divenuto chiaro a se stesso e trasparente, perché, rinvenendo in sé la propria radice, è pervaso dal ricordo dell'Essere. Nel suo ricordo superiamo la vita chiusa in se stessa che esiste nel mondo. L'Essere è ciò che fu, e che ora, nel ricordo, diviene presente come trascendenza dell'io e come luogo della sua vera origine e permanenza. L'io, così sorretto dal ricordo, non è più semplice vita biologica, bensì movimento verso la trascendenza dell'Essere e coincidenza con l'Essere.

Il mondo in cui ci muoviamo diviene, nella luce dell'Essere, un oggetto giudicato: non vi è aspetto di esso che sia buono di per sé, o considerabile come un luogo in cui si possa riposare. Nell'Essere vero io vado al di là del mondo come fenomeno che mi circonda e opprime.

Possiamo resistere alla disperazione solo se comprendiamo che essere *nel mondo* è impossibile, e che tale carattere è suggellato dalla morte. È impossibile essere qui, poiché il mondo, non avendo sussistenza, non offre all'io alcuna possibilità di riposo definitivo. L'io può, nel mondo, soltanto esistere, ma non "essere". Un'esistenza che cerchi di realizzarsi nel mondo, trova, in quest'ultimo, una muraglia invalicabile, in relazione alla quale ogni sforzo di essere risulta vanificato. La morte è ciò che più propriamente costituisce l'io nel mondo e, insieme, un'affermazione della negatività del corpo. Nel mondo, l'io non può *essere* in alcun modo. Rivolto alla sua morte, l'io è già da sempre un nulla che cerca disperatamente di eternarsi come tale – illudendosi di poter assumere questo nulla come se fosse qualcosa e, in questo modo, di farlo "essere". Il mio nulla è, in ultima analisi, il segno dell'impossibilità di *essere* nel mondo. Esistere e, allo stesso tempo, affaticarsi in tale tentativo impossibile di *essere*, è follia.

Da una parte vi è il mondo come autentico nulla. Questa nullità di ogni contenuto del mondo vanifica ogni movimento dell'io nella sua possibilità di essere. Il vero movimento dell'io, la sua possibilità di rapporto autentico con se stesso, è solo in direzione dell'Essere, dove tutta la nullità viene respinta nel nulla.

L'esistenza nel mondo si muove in una vacuità priva di positività, di contenuti, di possibilità di senso. Il mondo, sempre uguale a se stesso, è, come

divenire storico, un susseguirsi di avvenimenti che
vengono dal nulla e terminano nel nulla: un non-
ancora del mondo sarà riempito da un suo venire
all'essere; in fondo, però, il mondo non muta mai.
Esso è solo un inseguirsi di stati privi di sostanza.
Quando diveniamo consapevoli della nullità del
mondo e del nostro io, possediamo la verità su di
essi. L'impossibilità di essere, in quanto siamo un
nulla in un mondo di nulla, è conoscenza certa circa
l'esistenza dell'uomo nel mondo.

La vita autentica non consiste nel permanere nel
mondo, inabissati nel suo nulla; in questo modo
sperimentiamo solo l'impossibilità di *essere* nel
mondo propria dell'uomo. La tendenza dell'uomo a
fuggire dalla comprensione di sé e a rifugiarsi in una
vita inautentica immersa nel nulla, è un mistero che
non potrà mai essere rischiarato. Qui l'uomo vive
dimentico del suo vero io, disperdendosi in una vita
di vacuità nella quale affonda sempre di più. Preso
dalla disperazione, l'io perso nel mondo vive
negando la propria vera realtà, nella dimenticanza di
ciò che egli è.
    Il sé che io sono è invece una pienezza che,
contraria al nulla, non ha niente a che fare col
mondo, sebbene si trovi nel mondo. Noi possiamo

divenire ciò che siamo, solo se possiamo essere davvero ciò che siamo, liberi per la vita che è oltre il mondo. In questa possibilità più autentica, l'io, comprendendosi per ciò che è davvero, trova la propria patria. Se invece il nulla del mondo e dell'io venissero assunti come luogo in cui fermarsi definitivamente, allora l'esistenza si concretizzerebbe come vita disperata e malata che vuole distruggere se stessa. In questa esistenza non si riesce a vedere, in alcun modo, una condizione di autenticità. La morte, temine di ogni esistenza, è solo il segno dell'impossibilità di essere che caratterizza l'uomo nella sua più propria essenza – ossia in quanto io nel mondo. Se io non posso essere, significa che guardo nella direzione sbagliata, in un nulla che non potrà che rimanere nulla. Dimenticando l'Essere vero, diamo alla morte la possibilità di dominare la nostra esistenza.

Io sono limitato – sono una negatività, un'oscurità impenetrabile al mio sguardo. Ciò che io sono, però, è solo un lato di ciò che c'è. Vi è un Trascendente, al di là dell'io, verso cui io posso muovermi. L'Essere vero, che non ci ha mai voluto, è il compimento dell'io. È l'orizzonte di senso che io non comprendo né posso comprendere, poiché non ha nulla a che fare col mio esistere nel mondo. Al contrario, l'Essere vero è un rifiuto del mondo – è cio che non ha mai voluto un mondo: quest'errore, irrelato assolutamente all'Essere vero, non sarebbe mai dovuto esistere: il male che è il mondo non è mai parte dell'Essere. Mondo e io mi si mostrano come male senza senso, abisso di afflizione, borbottio di suoni incomprensibili.

L'io è sì limitato, ma vi è via d'uscita dalla sua finitezza. Se così non fosse, allora all'io finito, posto in un mondo senza senso, non resterebbe che la rassegnazione della decisione di rimanere coerente fino in fondo a se stesso come io disperso nella realtà inessenziale del mondo. L'esistenza autentica sta nel riconoscere perfettamente il soggetto che, pur non avendoci voluto, ci conosce perfettamente. Solo così riconosciamo noi stessi; allora quel nucleo di nulla dell'esistenza viene meno. L'Essere vero, che non ha mai voluto l'uomo, ama l'uomo in quanto è abbandonato alla nullità del mondo e di se stesso. L'uomo non può distruggere se stesso, poiché in lui è qualcosa che si trova in relazione con l'Essere vero.

L'affermazione secondo cui l'uomo e il mondo sono un nulla può esser meglio formulata nel seguente modo: essi sono una potenza che, seguendo la logica della negazione, sospinge l'io verso la sua dissoluzione in ciò che non è mai stato né mai sarà. La forza di negazione opera indisturbata, nascondendosi all'io e lasciandolo così nell'ignoranza circa la verità riguardo a se stesso. L'io, pertanto, dimentica se stesso in ogni momento in cui esiste disperso nel mondo.

Io voglio conoscermi come un oggetto del mondo, ma proprio in tal modo non faccio che tentare di distruggermi. Di fronte a me, però, si erge il muro che io stesso sono – qualcosa che, in me, si muove via dal mondo, da questo luogo, verso una realtà vera che non ha nulla a che fare col posto in cui il mio corpo si trova. Nella mia profondità, io ho una relazione con l'Essere vero, che non ci avrebbe mai voluto.

Nel conoscermi autentico io mi isolo da qualsiasi parte di realtà, poiché mi rendo conto che anche il mio corpo è privo di relazione all'Essere. La conoscenza inautentica di sé è distruzione di sé, poiché cerca di compiere una impossibilità, ossia di distogliere l'io dal suo rapporto col Trascendente.

Il nulla dell'io – un esistere nel mondo, un non potere, una negatività: nient'altro poteva essere scoperto nell'io. L'io è io e nient'altro che io, nel nulla del suo essere, in un mondo di nulla. In ciò, il mondo si rivela come totalmente differente dall'Essere vero.

Io trovo me stesso come un nulla rimandato a un mondo di semplici presenze sotto un cielo soffocante. La mia esperienza mi mostra la vicenda umana e cosmica come un episodio inutile e privo di senso, che viene dal nulla e finisce nel nulla della morte, la quale, "sola nel mondo eterna", demolisce ogni speranza e ogni desiderio che sorga in quel "punto acerbo" che ognuno di noi è, mentre vive. Come ben sanno i morti nel *Coro di morti nello studio di Federico Ruysch* di Leopardi, la vita non è che un brutto sogno da cui tenersi lontani. Ma a loro questo è possibile, poiché sono morti. A chi è ancora in vita, ebbene, cosa rimane da fare?

"Sola nel mondo eterna": queste parole di Leopardi mi devono risuonare nella mente finché non ne comprenda la verità insuperabile. Ma qui, ancora, non si coglie il fatto dell'emergenza dell'Essere. Leopardi, assolutizzando la condizione umana, non fa che mantenersi nell'ignoranza dell'Essere. La verità sul mondo e sull'uomo, da lui colta appieno, non tocca la sfera dell'Essere. Ciò che egli vede è solo ciò che è diverso dall'Essere vero. Rivelando il nulla di uomo e mondo, egli è nel vero riguardo a ciò che esiste. Nello stesso tempo, però, rimane preda della disperazione quando, ritenendo che ciò che esiste non lasci niente al di fuori di sé, manca di ascendere al livello da cui si può apprezzare la differenza assoluta del tutto dal vero Essere. Si nega l'Essere quando ci si convince che la morte sia la sola realtà eterna.

Anche nella disperazione più profonda, l'uomo non potrà mai distruggere l'Essere. Nonostante lo desideri sopra ogni altra cosa, non sarà mai in grado di disfarsi dell'Essere stesso – non riuscirà mai a diventare un puro nulla, un io privo della relazione all'Essere. Questo corpo, non legato essenzialmente all'Essere, è sorto senza che il suo sorgere fosse previsto, in modo improvviso, fuori dall'Essere che non lo avrebbe mai voluto. Nonostante ciò rappresenti il suo desiderio più ardente, a causa della sua differenza assoluta dall'Essere l'uomo non può bruciare l'Essere – ossia la presenza dell'Essere in seno all'io, seme eterno dell'io celato nella sua profondità interiore. In me stesso, è vero, trovo soltanto me stesso. Che cos'altro potrei rinvenire in un corpo? Dove potrei discernere, in me, il totalmente altro da questo mio corpo mortale? Eppure, non vi è pace senza l'esperienza della nostra identità con questo "altro" in noi. Nella disperazione, cerco me stesso e trovo me stesso: un nulla, una impossibilità di Essere, una mancanza di fondamento, un soggetto che non si possiede, poiché nella mia disperazione ignorante mi vedo solo come un essere destinato al mondo, totalmente separato dall'Essere – gettatone al di fuori, senza che si dia una possibilità di riconciliazione con esso. La follia dell'uomo è in questa fede nella possibilità estrema dello strappo assoluto dall'Essere.

Il corpo dell'uomo e il mondo non hanno fondamento alcuno che sia posto dall'Essere stesso; è per questa assenza di fondamento che possiamo vivere nell'ignoranza dell'Essere. Ma accanto al nulla vi è l'Essere, che è il luogo della mia profondità interiore. Se lo cerco con occhi mondani, non lo posso rinvenire: è per questo che per me non rimane che un nulla. La luce nascosta nel profondo di me stesso, della stessa sostanza dell'Essere, è occultata da infiniti strati di incrostazioni che non derivano dall'Essere, bensì ne sono l'opposto – un nulla che esiste. Io sono, propriamente, soltanto nel legame che mi allaccia a ciò che non ha posto me stesso.

L'unica colpa dell'uomo è nel non riuscire a scoprire in sé la radice dell'Essere; ma possiamo davvero incriminare l'uomo? Di cosa siamo colpevoli, se non di avere seguito l'appagamento dei desideri di cui siamo naturalmente dotati fin dalla nascita? «Colpevole» è un termine fuorviante per descrivere l'uomo che è se stesso. Io sono colpevole, o, in termini neutri, voglio essere me stesso. Che colpa si trova nel seguire la propria natura? Ci si può forse situare fuori dall'ordine universale, sfuggendo alla determinazione del mondo? L'uomo non ha colpa, non essendo caduto quaggiù per una mancanza di rispetto verso un ordine divino, non avendo violato alcuna legge – né la sua orgogliosa tracotanza è all'origine di questo mondo dimezzato; questa, semmai, è solo una continuazione di un qualcosa di abominevole accaduto all'inizio, è un permanere incolpevole e coerente nello sviamento del principio, è un perpetuare il fallimento iniziale. Ogni buon proposito rispetto al mondo è solo un impiegarsi a rendere vivibile l'inferno in cui siamo scivolati, dove soli dominano errore e male. Conoscendomi in questo mondo, mi conosco come mortale, limitato dal nulla che viene prima e dopo di me – il quale riduce a nulla anche quell'essere storico che io stesso sono. Ma l'Essere non è visibile, se guardo me stesso. Ciò che vedo è solo me stesso. Nel mondo io mi conosco come qualcosa che «non è», poiché ciò che qui vedo è solo un io senza relazione alcuna con l'Essere.

Non possiamo che constatare la nostra tendenza ad allontanarci dalla consapevolezza dell'Essere e cadere in una vita nella sua dimenticanza. È proprio una tale esistenza, lontana dal riconoscimento dell'Essere, a esser negazione di sé da parte dell'io – una distruzione di sé che non riesce però a compiere ciò che vuole. L'Essere stesso lascia qualcosa di sé nell'io, qualcosa di eterno, della sua stessa sostanza. Il nulla assoluto, che è ciò che l'io, nella sua disperazione, vuole raggiungere con la distruzione di sé, è l'opposto di ciò cui si oppone – l'Essere vero. Non vi è alcuna differenza tra la realtà dell'io e del mondo, da una parte, e questo nulla assoluto. Il nostro slittamento verso il nulla assoluto, già in atto nel movimento che va via dalla consapevolezza dell'Essere, rischia di distruggere le orme dei passi che abbiamo compiuto quando, allontanandoci dalla nostra casa, siamo giunti fin qui. Anche se lo stupore rivela in noi, nella nostra profondità interiore, una luce che proviene dall'Essere stesso, ogni volta una nuova ricaduta, costante e potente, ci riconduce nell'ignoranza.

Non vi è differenza fra le cose del mondo e il nulla. La metafisica occidentale ha provato ad assicurare ciò che esiste all'Essere, ma la verità è il suo contrario: ciò che esiste è da sempre ancorato al non-Essere. La metafisica ha creduto di ritrovare nell'Essere un legame necessario col mondo e con la nostra esistenza nel mondo, ma ha sbagliato. L'Essere non ci avrebbe mai voluto. La sola relazione all'Essere è nella forma della preesistenza, termine con cui suggerisco che noi siamo un passato eterno. L'Essere è il mio fondamento, se con ciò si intende un preesistere attuale dell'uomo nell'Essere. Al di fuori dell'Essere non vi è nulla: poiché non sono l'Essere, il mondo e l'esistere dell'uomo nel mondo sono un nulla che avanza verso se stesso. Al di sopra del nulla vi è solo l'Essere; ma questo vuol dire che nel nulla, al di fuori dell'Essere, c'è qualcosa dell'Essere. È nel nulla del nostro corpo il luogo della nostra profondità interiore: in esso noi ritroviamo questo oceano infinito di Essere, al di sopra di tutto il nulla che lo circonda – in cui si trova inabissato come un relitto di imbarcazione in fondo al mare; ciò, attualmente, è Essere che afferma solo se stesso, con ciò negando tutto ciò che gli si oppone – ossia tutta la negazione che non è che il modo di essere eterno del nulla che si trattiene nella sua condizione di nulla. Esistere nel mondo, coerenti con tale condizione di nulla, dal punto di vista dell'eternità nell'io è vita inautentica che reprime l'Essere.

Una dimenticanza dell'Essere sarebbe impossibile che si verificasse, se l'Essere fosse legato in qualche modo al mondo. Se essa si verifica, è perché l'Essere è assolutamente differente dal mondo, senza che si dia relazione alcuna fra di essi.

FRAMMENTO 4

La formula di Nietzsche della "trasvalutazione di tutti i valori" può servire a descrivere, in parte, il movimento di secessione cui va incontro l'io che scopre se stesso per la prima volta. Mondo e uomo, come vengono di solito considerati, risultano infatti, in seguito a tale scoperta, totalmente trasvalutati. Scoprire se stessi e l'Essere traspone l'uomo dalla natura – dal cosmo – nel regno dell'Essere. Non vi è, però, alcun nuovo tipo di uomo a prendere il posto di quello vecchio, come invece dovrebbe essere per Nietzsche. Scoprire l'Essere e se stessi nell'Essere distrugge del tutto il legame fra uomo e mondo. L'uomo nuovo, amico dell'Essere, va via da questo mondo: è "qui", ma *già* anche "nell'Essere". Si esprime meglio questa nuova condizione non dunque con le immagini della fuoriuscita e della fuga, ma con quella della doppia cittadinanza di un io che è in questo mondo ma già, anche, nell'altro mondo dell'Essere. Solo questa delocalizzazione permette di *essere* nel mondo, a dispetto di esso; il suo opposto dell'esistere nel mondo è, invece, il modo inautentico, sostanziale al nulla e destinato alla disperazione. In un soprassalto di salute, colui che scopre il luogo oltre il mondo impara a negare il mondo. Pindaro scrive: «Felice chi entra sotto la terra dopo aver visto quelle cose: conosce la fine della vita, conosce anche il principio dato da Zeus": al di là del mondo, l'uomo vede ciò che è reale, quell'Essere in cui noi sempre siamo, anche quando ce ne dimentichiamo. È ciò di cui parla Platone nel *Fedro*, quando descrive come «le anime che sono chiamate immortali, quando siano giunte al sommo della volta celeste, si spandono fuori e si librano sopra il dorso del cielo: e l'orbitare del cielo le trae attorno, così librate, ed esse contemplano quanto sta fuori del cielo". L'anima, mirando ciò che è al di là del cielo, oltre questo mondo, contempla quell'Essere oltre la nascita, il divenire, e il morire, che sono il luogo delle tribolazioni dell'uomo.

La fuga diviene allora l'unica arma per sottrarsi alla morte. Come la preda fugge di fronte al predatore, così l'uomo che si sente minacciato dall'ambiente che lo circonda trova, nell'evasione dalla realtà, la sua unica salvezza. La fuga ci consente di ripararci in un altro luogo, in cui la morte non ha potere. All'oblio dell'Essere si risponde con un possente "no!" urlato al mondo, nella chiarezza di una luce che non viene da questo deserto. L'inferno è l'ignoranza dell'Essere, da cui si esce sprofondando in sé, verso quell'altro dal mondo che, pieni di stupore, possiamo rinvenire in noi. Scopro ciò che l'Essere è, solo nella profondità di ciò che io sono.

Vi è una realtà che si sottrae al nulla da sempre, perché da sempre è altro dal nulla. L'ignoranza di tale realtà è negazione del nulla, che si rivolge all'io nella sua stessa alterità rispetto al nulla. L'io, da solo, non può raggiungere l'equilibrio e la quiete, bensì può ottenerli solo se, relazionandosi a se stesso, trova la sua parte d'Essere e con essa si identifica.

La domanda relativa al perché l'uomo cada nella negazione dell'Essere – perché l'uomo conduca una vita inautentica, dimentica dell'Essere – non può che trovare risposta nello scambio fra mondo ed Essere, che ha luogo nella mente dell'uomo in preda all'ignoranza: credendo che il nulla sia l'Essere, l'ignorante si perpetua nella permanenza nel nulla, nella prosecuzione del nulla, nell'oblio dell'Essere e nella decisione esiziale di volere la morte. Il nulla, però, non può ricondurre a sé l'Essere; quest'ultimo continua a darsi all'esperienza come qualcosa che è.

Che noi, per lo più, siamo dimentichi dell'Essere, non dipende dall'Essere – come se, ad esempio, l'Essere stesso si ritirasse da noi – bensì dal rapimento dell'Essere, ossia da un atto di cui non siamo affatto responsabili.

La domanda fondamentale della metafisica chiede perché vi è qualcosa anziché il nulla; a questa domanda rispondiamo affermando che ciò che esiste, proprio in quanto è ciò che esiste, è nulla. Ci si riferisce qui all'esistenza del mondo, del "creato", e di esso si afferma la nullità. Tutto ciò che compone questo universo, noi compresi, non siamo che differenti in modo assoluto dall'Essere, e, perciò, nulla. A un nulla tacito e malvagio che si manifesta come mondo popolato di particelle elementari, atomi, molecole, batteri, uomini, animali, piante, pianeti, stelle, galassie, ammassi di galassie e via via su su fin verso la struttura che comprende ogni altra sottostruttura, si oppone l'Essere, che, nel suo isolamento, è una pienezza di significati. Questa posizione è l'unica sensata. Non si tratta di un errore. Si tratta, al contrario, di una verità riguardo alla realtà dell'uomo e del mondo.

È l'Essere; e ciò significa che il non-Essere non è – che esso è il nulla. Ora, sono questo non-Essere e questo nulla a dover essere riconsiderati. Infatti, la realtà tutta, comprendente quello che anche noi stessi siamo, io affermo che sia differente in modo assoluto dall'Essere. Ma allora essa è il non-Essere. L'io, compreso l'intero universo in cui l'io esiste, è solo un nulla. Siamo della stessa sostanza del nulla – questa è verità che non si può smuovere. «Tutto non è altro che nulla», scrive Jean Paul in *Lamentazione di Shakespeare morto*. Il fiume della vita scorre verso il proprio abisso, e già in ogni momento la vita è abisso. La realtà da un lato – di cui fanno parte il mondo e l'uomo – e il nulla, dall'altra, si identificano. Il contrassegno della nostra nullità è la morte, che avvolge ogni realtà del mondo, nel processo infinito di trasformazione dell'esistente nel suo nulla. Ma questa esperienza del nulla si può compiere solo dal punto di vista dell'Essere: noi possiamo riconoscere che "tutto è nulla" soltanto se osserviamo il nulla da un punto di vista ad esso esterno, che è l'Essere.

La morte ci dice che il corpo non può disporre di sé fino in fondo senza residui, né conoscere se stesso come totalità. Eppure, è precisamente nella morte che viene a manifestarsi che la scaturigine prima dell'essere del mondo, la sua propagazione e il suo mantenimento, è completa aberrazione. La sofferenza, la morte, la fine, sono il destino che ci è stato assegnato, in una vicenda che non sarebbe dovuta iniziare, e che, in quanto assolutamente assurda, non può che essere il frutto malato di una mente perversa.

Socrate, nel *Teeteto* di Platone, suggerisce che l'uomo viva in un sogno. Bostrom ritiene invece molto probabile che noi e il nostro mondo siamo una simulazione creata da un computer. In ogni caso, l'Essere vero si trova oltre la coscienza dell'uomo. Tutto ciò che cade all'interno della nostra coscienza è un mondo minore, privo di sostanza. Di fronte all'Essere, allora, l'uomo non può che fermarsi, pieno di stupore: vivere alla sua presenza, nonostante tutto il nulla che ci determina – alla presenza dell'Essere, che non è né uomo, né mondo, ma ciò che si trova oltre tutto questo – è fonte di estrema stupefazione.

L'Essere non è, però, qualcosa che completi il nostro "essere" assieme a quello del mondo, poiché questi ultimi sono già finiti e destinati a finire – sono un errore che non avrebbe dovuto verificarsi. L'Essere è sempre se stesso, e niente esiste al di fuori di questo reale. Noi, come carne e mondo, siamo uno sbaglio, che non può ricevere alcunché dall'Essere: nessuna pienezza, nessun completamento, nessun perfezionamento di una natura distorta. Ciò che nasce senza radice è privo di essenza, e destinato a rimanerne privo, mentre l'eterno nell'io, nella sua profondità interiore, permane puro oltre ogni annientamento. Solo identificandoci con la nostra parte di eternità in noi, potremo comprendere ciò che sta oltre la nostra esistenza, la nostra coscienza, oltre il mondo stesso in cui ci muoviamo ed esistiamo. Ma è soltanto comprendendo la realtà della morte e lo scandalo che essa costituisce che possiamo provare l'esigenza di spingerci al di là di tutto ciò che "siamo" e che sperimentiamo. A tal fine bisogna allora allargare lo sguardo, per portarlo oltre l'orizzonte limitato dell'io chiuso nel suo rapporto col mondo e con se stesso. Andando a fondo in questa chiusura dell'io, e comprendendo la ragione di questa chiusura, bisogna capire la forza che guida lo sguardo che coglie in se stesso solo un lamento inutile del nulla.

Io devo tener separata la ragione del nulla dalla ragione dell'Essere, poiché solo l'Essere è la potenza assoluta che non ha nulla a che fare con noi, col mondo, con l'esistenza. L'Essere non è umano. Esso è eterno, infinito, perfetto. Esso è inesprimibile. Esso è – sebbene di un essere che è dissimile da qualsiasi cosa sia in questo mondo. È uno. È eterno: è un continuo essere, senza interruzioni. È privo di significato – è a-semantico – non comunicando niente a noi, poiché, in principio, non ha niente a che fare con noi. Noi non possiamo che gioire, perché l'Essere è: è questa l'unica positività esperibile nella nostra esistenza.

FRAMMENTO 5

Esistendo, l'io vive una vita inautentica, all'oscuro dell'Essere. Per l'io autentico che è consapevole dell'Essere, l'esistenza si trasforma in Essere. Se non si è consapevoli dell'Essere, si rimane nella disperazione. Nell'esistenza inautentica dell'io, non vi è posto per alcuna esperienza dell'Essere. Quest'ultimo porta, nel mondo e nell'esistenza, un silenzio assoluto, poiché l'Essere è nel distacco dal mondo. L'Essere si mostra nel suo abisso, da cui non proviene parola alcuna che abbia a che fare col mondo.

La decisione di vivere nell'Essere separa del tutto l'uomo dal mondo e da se stesso. Con tale decisione, l'io è aperto in modo autentico al reale. Ma questo non comporta un ritiro dell'io in un luogo al di là del mondo e al di là di sé, se con questo intendiamo un movimento concreto di separazione. Il distacco dell'io dal mondo e da se stesso non porta, nel mondo e nell'io, una potenza nuova, né una testimonianza dell'Essere e della profondità interiore dell'io, in cui l'Essere anche risiede.

La forma più alta di vita è un distacco dalla vita. L'unico piacere di questo mondo è nel gustare l'altro mondo. Non vi può essere alcuna scoperta dell'Essere se non rifiutiamo in blocco corpo e mondo. Non vi può essere, però, alcun desiderio dell'io che abbia come oggetto l'Essere, poiché il desiderio desidera questo mondo; per tale motivo, non può rivolgersi a quello che non è del mondo. Non vi è nemmeno felicità nel vivere nell'Essere, poiché anche la felicità è tale solo in relazione a eventi o a situazioni che si verificano nel mondo. Si può solo affermare che la tensione verso l'Essere è il contrario della disperazione, ma solo se intendiamo la disperazione come tratto costante del rapporto dell'uomo al mondo e a se stesso nel mondo – ossia come ciò che accompagna l'esperienza, compiuta dall'io, di ogni realtà diversa dall'Essere. L'io nell'Essere è non-disperato. Al contrario, l'io che esiste al di fuori dell'Essere permane continuamente nella disperazione, che è prosecuzione della logica della negazione del nulla, dalla quale l'io trae la sua forza.

L'esperienza dell'io che nega se stesso, seguendo la logica del nulla, ripete l'esperienza dell'Essere. L'Essere è immagine dell'uomo in ciò che l'uomo ha di più abissale. L'Essere conosce se stesso. Tale conoscenza si origina nella negazione dell'Essere, quando essa trova un equilibrio nel momento in cui in essa si forma, per l'Essere, un'immagine perfetta dell'Essere stesso. La negazione, nel suo sforzo, scorge il tutto, e in ciò trova il suo appagamento. Ora, nel suo rapporto a se stesso, l'Essere riconosce se stesso e ha la sua vita. La negazione, però, vuole superare ogni limite; vedendo l'Essere, inizia a desiderare di essere sola; per questo fine, non può far altro che avanzare nel movimento di distruzione dell'Essere, sforzandosi di avvolgerlo nelle sue spire mortali, al fine di renderlo un nulla; ma questa è un'impresa senza possibilità di riuscita. L'Essere, infatti, che è già perfetto in sé, non può essere in alcun modo alterato da nessun tipo di forza. La negazione, invidiando l'amore dell'Essere per se stesso – avendo in mente dunque il rapporto dell'Essere all'Essere – trattenendo a sé parti infinitesimali dell'Essere si dà a plasmare, nel luogo dove essa si trova (ossia al di fuori dell'Essere), la realtà del mondo, con l'uomo al suo vertice; in noi, le parti dell'Essere si trovano ora gettate nel corpo e nascoste in esso. Non potendo essere direttamente l'Essere, la negazione si crea così un mondo, ponendosi al di sopra di esso come suo fattore. Nell'uomo la negazione si trasmette, imprimendo con ciò in esso l'immagine del rapporto all'Essere (la quale è sua propria, in quanto la negazione è rapporto originario all'Essere) senza però l'Essere – al posto del quale pone se stessa come amorevole creatore cui si deve ogni lode; ciò significa che, nel mondo, all'Essere in sé si sostituisce la negazione che conosceva l'Essere. La realtà del mondo e dell'uomo, cui la negazione dà principio, non può che essere deficiente – una oscura e contorta realtà alternativa. Noi, per quanto ci riguarda, poiché celiamo in noi la nostra parte eterna di Essere – che è la nostra salvezza e la nostra luce – possiamo renderci conto di ciò che siamo – siamo infatti quella parte – e cessare così di tentare di distruggerci.

La negazione aggiunge in tal modo all'Essere l'impossibilità del suo essere – ossia il suo nulla.

Questo mondo, che è errore non voluto e perversione, non è. Non vi è nulla, del nostro stato di tribolazione, che non possa essere riportato a una ideazione malata come sua causa; eppure, tutto questo è nulla. Ogni cellula del nostro essere, così come ogni atomo del mondo, sono deviati nella loro più intima natura a causa della loro origine nella negatività di ciò che, errando, volle rapire l'Essere di ciò che di più bello esso era – producendo così, al di fuori dell'Essere, il nulla come opposto all'Essere – un nulla che, come mondo vero al posto di ciò che è davvero, si muove disperatamente verso la sua dissoluzione, trascinando con sé l'uomo.

Alla volontà del falso essere che, volendo un mondo, se ne fa creatore, l'uomo si adegua, accogliendo corpo e mondo come realtà buone, da accettare integralmente. L'io sceglie così di volere il mondo e se stesso nel mondo, poiché non vi sarebbe altro da desiderare. Immagine perfetta di quel fondamento, l'io si identifica ora solo col proprio corpo, che, come bubbone gonfio e marcescente, esiste nel mondo nel vano inseguimento di fini che non potrà mai raggiungere. Con l'identificazione di sé col proprio corpo nel mondo si vive nell'oblio dell'Essere vero e di sé in quanto vita nell'Essere. In tale vuoto miserabile, in tale abisso senza fondo, avvolti da fitte tenebre, l'amore vero opera da sempre per l'unità dell'Essere, superando il vano amore per il molteplice arcobaleno di tutto ciò che, nascendo dal nulla, in esso termina la propria vicenda.

La negazione dell'Essere, che ritroviamo nella nostra esistenza, deriva dalla negazione che ha origine nell'Essere stesso. Io voglio distruggere me stesso perché sono immagine dell'Essere. Ma nel ricordo dell'Essere, l'io, rivolto verso la propria profondità interiore, in un solipsismo acosmistico ritorna, col pensiero, alla propria casa. Solo il movimento opposto a quello che avanza nella direzione della logica della negazione può arrestare

l'avvicinamento infinito verso il nulla. Questo
movimento è quello della potenza dell'Essere, in cui
risiediamo. Il richiamo del silenzio dell'Essere oltre il
mondo è potente quanto quello della falsa luce del
giorno, in cui una felicità impareggiabile si
impadronisce dell'io pienamente realizzatosi e
manifestatosi nel mondo – un io che diviene
luminoso a se stesso e agli altri nella perfetta
comunicazione di sé. Ma la luce è il buio. Ciò che si
mostra, nella meridiana chiarezza abbacinante del
giorno, è forma che, rilucente come oro, con la sua
perfetta misurabilità e comunicabilità lascia cadere
nel nulla l'Essere, che si riduce, di fronte ad essa, a
pura vuotezza di un discorrere senza senso. In effetti,
è nel silenzio che si rivela in modo originario l'Essere,
poiché l'Essere possiede una voce che non è di questo
mondo.

L'Essere si manifesta nel silenzio, che è, da
sempre, la sua veste. Il reale si mostra nel silenzio.
Ogni nostra comprensione dell'Essere accade nel
silenzio. Il silenzio è al di là delle chiacchiere attorno
al mondo e all'uomo. Riconosco perfettamente
l'Essere quando raggiungo l'unione con il suo
silenzio.

Eraclito scrive che «la terra ama nascondersi». Questa immagine dice, in modo diverso, quanto affermo riguardo all'Essere: esso ama nascondersi; si nasconde e tace perché non è del mondo. L'Essere, al di la della parola, si ritrae oltre il pensiero rivolto al mondo, per sempre. Di fronte all'Essere vero il pensiero rimane fermo, stupito della sua realtà pura; lì ci sentiamo smarriti, poiché per l'Essere vengono a mancare le strutture logiche che valgono per il mondo. Di fronte all'Essere, il pensiero abituale viene sospeso e, con esso, il brusio del linguaggio relativo al mondo e all'uomo; la ragione si trova impedita – non può parlare di nulla di noto, non può discorrere di nulla di conosciuto. Davanti all'io si staglia improvvisamente il puro Essere, lontano e inaccessibile – ma non estraneo e freddo, e neppure insensato. Esso è lì, e basta. Ciò che appare ha la sola caratteristica di *essere*, all'opposto del nulla del mondo e dell'io. Il silenzio è il rumore dell'Essere che si sottrae all'impermanenza.

L'Essere in sé è parola che noi non possiamo udire. Il puro Essere è parola e pienezza di significati. Come parola eterna, l'Essere vero si sottrae al potere annichilente del nulla dominatore del mondo. L'Essere, in quanto autonomo dall'uomo e dal mondo, indica solo se stesso: è una realtà autoreferenziale, piena di sé, satolla, eternamente perfetta e immutabile. L'Essere è il regno della solitudine, dell'unico senso, del tutto: in rapporto ai progetti umani, che si muovono nell'ambito dell'insensato e del nulla, l'Essere, nella sua positività, è la pienezza del senso.

La plenitudine dell'Essere è un fine in sé, conchiuso, che non ha niente di mancante, e, perciò, che non richiede nulla. Nella mia profondità interiore, io sono nell'istante dell'Essere, in cui prendo parte a ciò che solo è reale, senza necessitare di altro, poiché tutto è già nel fine; non vi è più, qui, uno scopo da raggiungere, poiché tutto è già in questo luogo.

Non dovrebbe, l'Essere, far valere, da sempre, il suo potere infinito, non permettendo al nulla di essere? In effetti, è esattamente questo ciò che l'Essere opera su di noi e sul mondo. L'Essere non propone nulla all'uomo, ma, anzi, gli toglie tutto. Da sempre e per sempre l'Essere è senza relazioni con l'uomo e col mondo. L'Essere, rivolgendo un "sì" potente a se stesso, si pone all'interno di un "no" potente, che esclude per sempre dall'Essere il mondo e l'uomo (chi dice "sì" a se stesso, con ciò nega la propria negazione, ossia nega tutto quello che intende negarlo); tale "no", che racchiude l'Essere, lascia che la realtà ad esso esterna continui nella sua perseveranza nel nulla. Il "no" non vuole alcuna relazione con tali realtà dimidiate. È questa la sua potenza. L'Essere risiede nel suo "no" e con ciò rimane inconoscibile; solo per questo abbiamo la certezza della sua potenza e del suo completo dominio. Noi, fin da sempre, siamo il nulla che l'Essere esclude da sé; e solo così, nello stesso tempo, noi siamo posti, dall'Essere, in contraddizione col mondo: il "sì" dell'Essere a se stesso lascia, nel mondo, uno spazio per ciò che è al di là del mondo – un luogo da cui possiamo apprezzare pienamente la nullità di questa realtà assurda che ci circonda. Chi cammina con l'Essere riesce sempre a creare, attorno a sé, una larga spianata, all'interno della quale può rimanere a distanza dalla foresta che cerca di inghiottirlo.

Esistendo nell'oblio dell'Essere, siamo solo noi stessi, schiacciati su una superficie senza altezze, da cui udiamo voci che parlano solo di sé, mentre tutto l'Essere, in questo spazio bidimensionale, viene annientato. Tutto ciò che nasce senza Essere non è altro che un nulla volteggiante sopra un vuoto infinito, e nel vuoto terminerà la sua esistenza.

Sulla pianura del mondo senza Essere, la nostra esistenza si ripete all'infinito come una ruota che gira su se stessa. Il sole tramonterà in eterno, e all'estate seguirà per sempre l'inverno. In questo mondo di una luminosità abbacinante, passato, presente, e futuro, nascondono la realtà di ciò che ritorna continuamente uguale a se stesso, mostrandoci, al suo posto, un mondo che si muove verso uno stato sempre migliore. Senza la luce vera dell'Essere noi viviamo potendo tutto, ma senza divenire mai qualcosa di stabile, poiché il destino del nostro esistere senza Essere è soltanto quello di "potere" all'infinito, in un tempo che si distende dal passato al futuro. Ciò che dobbiamo volere, nell'oblio dell'Essere, è questa nostra volontà vuota – né dobbiamo illuderci di poter volere altro. Ma è la nostra impotenza, in questo stato, l'unica realtà.

Noi possiamo volere altro – qualcosa che ha un vero valore, poiché la ruota della vita non ne ha alcuno. Di fronte all'Essere, in trepidazione, sentiamo che la notte del mondo è finita.

L'universo è un caos privo di valore. Il significato infinito è, invece, solo dell'Essere vero. Qui, in questa notte che ci circonda, noi siamo già accerchiati dalla luce dell'Essere che irrompe con violenza nella nostra vita. Siamo svegli – perché qualcosa accade, perché siamo già stati salvati. Non accorgersi di nulla è la disgrazia più grande per l'uomo.

Senza il ricordo dell'Essere, l'uomo rimane prigioniero, al di qua della barriera del mondo. Si proclami pure quanto si vuole di sentirsi in pace con se stessi e col mondo: nonostante questo, noi siamo in verità immersi nel buio dell'ignoranza se, accanto a noi, più prossima a noi dei nostri pensieri, si trova la fonte della nostra sicurezza senza che la vediamo – la luce che rischiara ogni «ora» e ogni «qui». Ogni cosa che esiste nasce nel buio, nella lontananza dalla luce. Noi ci troviamo però nell'ultima ora, in cui il mondo si mostra definitivamente come nulla. Qui, finalmente, ci si rivela l'essenza del mondo e la sua potenza di negazione dell'Essere. E qui, al termine della storia, il mondo si manifesta, nello stesso tempo, come un tutto che vive, con l'uomo, la sua ultima fine. Noi, nell'istante presente, viviamo la fine alla luce dell'Essere e, con ciò, ci poniamo al di sopra del nulla.

L'intemporalità dell'Essere è l'antitesi del tempo in cui si svolge la mia esistenza, la quale, mantenendosi nella volontà della mia possibilità, prosegue la logica del nulla. All'interno di questo tempo non si può affatto vivere in modo autentico, poiché, nella dimenticanza dell'Essere, siamo trascinati in un vorticare senza senso né riposo. Il tempo del mondo è il tempo della costante occultazione dell'Essere vero; in questo nascondimento dell'Essere sta la disperazione. Il vero senso è nell'assenza di movimento; all'opposto, un senso che deriva da ciò in vista di cui ci muoviamo nel mondo, è privo di sostanza a causa della temporalità cui esso deve dare origine. All'eternità dell'Essere siamo destati dal suo silenzio dell'assenza di progetto, che ci trae fuori dal nulla del nostro io immerso nel tempo, per il rischiaramento della nostra profondità interiore. È un appello che chiama non proferendo parola, ma che, proprio per questo, riesce a disabituarci dalla sonorità delle parole che, esprimendo solo se stesse, relegano ciò che è altro in uno spazio di indifferenza che è uguale al rifiuto. La voce dell'Essere ci richiama al segreto di ciò che non è rivelato dal linguaggio ordinario, capace di esprimere solo ciò che è già noto.

FRAMMENTO 6

Boezio scrive, in *La consolazione della filosofia*, libro III, XI: «Chiunque indaghi il vero con profondità di riflessione / e non voglia perdersi per strade sbagliate, / rivolga a sé la luce della sua vista interiore / e, concentrando il suo tiro, lo indirizzi a un solo bersaglio; / convinca l'animo suo che quanto s'affanna a cercar fuori di sé / lo possiede già dentro, nascosto nei suoi tesori; / così, quello che la tetra nube dell'errore nascondeva prima / risplenderà con luce più penetrante dello stesso Febo. / Infatti, pur rivestendo lo spirito con la sua massa mortifera, / il corpo non lo ha privato di ogni suo lume; / certo, sta radicato dentro di noi il seme del vero / e la cultura con il suo soffio lo può ridestare; come, infatti, potete, stimolati, giungere a formulare la verità, / se essa non vivesse, in embrione, calata nel profondo del cuore?». Rivolgendo a me la luce della mia vista interiore, cerco dentro di me il seme del vero, tra i tesori che custodisco, senza lasciare che la «massa mortifera» del mio corpo mi renda cieco. Il «seme del vero» è dentro di me, nel «profondo del cuore», quasi del tutto nascosto alla mia vista dalla massa mortifera del mio stesso corpo.

L'esperienza della verità dell'Essere non comporta un sapere attuale circa qualcosa. A un livello profondo, dove io entro in rapporto col silenzio dell'Essere e con la sua inumanità, il vero non ha da esser detto, né da esser trasportato al livello di ciò che è saputo, esposto, tramandato; non è nemmeno ciò che è ricercato, individuato, posseduto. Esso, infatti, è *già*, prima di ogni parola, di ogni pensiero, di ogni avvenimento, di ogni appropriazione del vero. Il vero è già qui, in ogni istante, intoccato, incorruttibile, già manifesto. L'Essere, che è verità, sta in piedi da sé, senza il bisogno di una voce che lo dica e di una testimonianza che lo riveli. È questa la vera *episteme* – ossia il riconoscimento di ciò che sta in piedi da sé. Se sta da sé in piedi, non vi è allora possibilità alcuna di un pensiero attorno all'essenza dell'Essere, alla sua possibilità o alla sua potenza. Questi tre concetti sono il presupposto, rispettivamente, dell'esistenza, della realtà, e della attualità: ma dell'Essere, che sta al di la di esistenza, realtà, e attualità, non si dà alcun presupposto nel pensiero. Non si trovano parole che ne parlino, né alcun altro mezzo, proveniente da ciò che è al di fuori di esso, che possa avvicinarlo a noi o rendercelo meno alieno. In quanto nulla, sia l'uomo che esiste nel mondo, sia il mondo in cui questi si muove, non possono avere alcuna relazione con la sfera della verità in cui si trova l'Essere. Esso se ne sta chiuso in sé, senza alcun rapporto con l'uomo nel mondo, né col mondo stesso. Ciò che è vero, è vero da sé – non necessitando di alcunché dall'uomo, dal mondo, dal tutto, dall'universo esistente. L'uomo nel mondo, all'esterno del vero, non può nulla per l'Essere; non gli rimane allora che riconoscere il vero nella profondità interiore di sé, in cui giace l'eterno – pur restandone esterno in quanto corpo mortale. Noi perciò riconosciamo il vero e non lo riconosciamo, poiché, da una parte, non raggiungiamo mai un luogo in cui l'Essere non sia già, e, d'altra parte, perché, come ragione umana, non otteniamo nulla dell'Essere, in quanto siamo esterni al vero. L'Eterno nell'uomo è verità assoluta che non è altro che se stessa.

Dinanzi all'Essere, la ragione ammutolisce, trovandosi all'improvviso al cospetto di ciò che è differente da ogni cosa esistente. La ragione allora si spoglia di sé, per rimanere solo se stessa nella sua essenza, essente davvero oltre il nulla, nella sua pura natura di ragione ormai non più umana. L'Essere viene incontro solo a una ragione ormai disumanizzatasi, in virtù della sua relazione all'oggetto che le è proprio. L'Essere, come correlato di una tale ragione e come identico ad essa, è il vero reale che continuamente nullifica ciò che gli si oppone – quello che, nella costante frantumazione di ciò che viene così distrutto, si manifesta come realtà del mondo e dell'uomo soggetta al tempo, al mutamento, al perire.

Riconoscersi nell'Essere costituisce un fine. Non vi è un procedere oltre questo stato: in esso la ragione, abbandonando se stessa in quanto soggetta al mutamento, conquista se stessa come soggetto assoluto che riconosce il suo oggetto assoluto, coincidente con se stessa. Lo stupore della ragione di fronte all'Essere vero si verifica perché l'Essere appare senza relazione alcuna con la ragione umana e con il mondo. L'Essere, così, si svela come ciò che è solo se stesso e come ciò che mai diviene altro o dà inizio ad altro al di fuori di sé. Solo una ragione stupita, che sa stare di fronte a un oggetto tanto differente da ogni altro oggetto cui è abituata, sa che non deve lasciarsi intimorire, per cogliere così il momento opportuno in cui, spogliandosi delle sue vesti consunte, possa rivestirsi della luce dell'oggetto con cui coincide.

Non è la ragione umana a vedersi identica all'Essere, bensì una ragione che si scopre come Essere. Non vi è qui equiparazione dell'uomo finito a un Essere infinito: l'uomo viene messo da parte, in quanto ad essere determinante è la scoperta dell'eterno nell'uomo: solo questo passaggio ci consente, in questo mondo, in questo uomo, di riconoscere quello che non è di questo mondo né di quest'uomo. Chi non sa dell'eterno nell'io è privo di vera conoscenza, che non è altro che riconoscimento di sé nell'Essere.

Ogni affanno e cura umani nascondono all'uomo la verità dell'Essere. Basta però togliersi i panni dell'abitudine per vedere tutto da un punto di vista nuovo. Infatti, è qui, nella triviale esperienza mondana, il luogo in cui l'Essere si rivela e in cui l'uomo rinasce nel corpo. Chi rimane schiavo della ragione, a causa della sua incapacità di disfarsi di quello spesso strato oscurante la vista costituito dalla «massa mortificante» del corpo, vede solo il mondo e il proprio io: il primo, come realtà in perpetuo mutamento, occupa l'intero orizzonte dell'io; il secondo, come ciò che vede il mondo, è un soggetto che, in ultima analisi, è privo di vera libertà, condannato a potere, disperso nel tempo.

L'assenza di un senso del tutto, la problematicità del mondo e dell'uomo, la loro vanità e la loro precarietà – tutto questo rivela, fin da sempre, la realtà delle cose così come stanno: che non vi è salvezza alcuna nel mondo – che ogni conquista, ogni felicità raggiunta, ogni realtà che si possa desiderare per noi in questo mondo, non sono nient'altro che un nulla destinato a finire. Che non vi sia alcun senso è la verità di questo mondo. Ma perché è vero? Poiché l'Essere vero nullifica il senso del mondo, negando ogni suo essere col suo "sì" potente. L'Essere è la morte del senso di questo mondo, è il giudizio negativo sulla nostra possibilità di un appagamento nel mondo. Ricchezza, fama, e tutto quello che di simile a questo si possa desiderare, non sono nulla: ciò che conta è solamente la verità dell'Essere vero, che ognuno trova sprofondandosi nella propria interiorità.

Superando la "massa mortificante" del corpo – questa nullità destinata alla morte – di fronte alla quale si trovano solo nullità che si muovono verso la loro dissoluzione, noi troviamo la verità in noi, in un luogo che non è il mondo, né l'io che io sono. Non sono loro l'Essere – il cielo, la terra, né altri corpi; questo mi dice tutta la molteplice varietà di ciò che mi circonda.

L'uomo, sopra ogni altra cosa, ama vivere in un mondo che abbia senso e stabilità, ma è costretto ogni volta a concedere che per questo non vi sia spazio – che è un'illusione crederne l'esistenza. La vita, agli occhi di chi è sveglio, appare un "sonno affannoso e travagliato", come si esprime Leopardi. È questa assenza di senso l'esperienza predominante della vita. Ogni momento la conferma. Non possiamo continuare ad andare contro tale evidenza, affannandoci a cercare tracce, nel mondo, di un senso e di una stabilità ultimi. Il mondo non offrirà mai conferme di tal genere. Non potrà mai fornirne, poiché è composto solo da realtà che sorgono dal nulla e si muovono verso il nulla, e che, mentre perdurano nel loro essere, sono corrotte e soggette a divenir nulla, dopo un susseguirsi di momenti di sofferenza e noia. Soggetti al mutamento e alla fine gli elementi naturali, e inclini al male, all'iniquità e ordinati alla morte gli esseri viventi, l'immensa composizione del mondo gioca a farci perdere di orientamento, a infonderci paura, dissensione, discordia e confusione – a farci inseguire qualche immagine vaga per poi lasciarci tornare indietro spossati, a colpirci per abbatterci, a farci colpire qualcuno per ucciderlo, o a farci fuggire come se qualcuno ci inseguisse per ucciderci. L'esperienza di questo mondo è disperazione. Il contrario della disperazione è nel risveglio alla perfezione nel momento presente, che non è determinata dall'insieme dei fatti e degli eventi del mondo, bensì è nella conoscenza della perfezione in sé, della beatitudine in sé, dell'eternità in sé. Nel nulla in cui esistiamo è realizzabile la beatitudine, ora, in questo momento. La conoscenza della beatitudine, dell'eternità, della perfezione, è relativa all'Essere vero, che è ciò che è reale – all'Essere che è vicino all'attimo, che sta presso ogni attimo, non sapendo nulla di esso, senza con ciò modificarlo quanto alla sua legge, che è quella del nulla, ossia della coerenza nel nulla. L'Essere vero sta accanto ad ogni attimo, lasciandolo così com'è, gettato nella sua conformità al nulla.

L'Essere ci trae fuori dalla disperazione e ci riconduce al riposo nella sua casa. L'unica autentica possibilità della nostra esistenza è nel corrispondere all'Essere, perché altrove non è che la massa del mondo che ci schiaccia – effimere apparizioni che nascono e svaniscono in un batter d'occhio; ad esse di solito ci attacchiamo come se fossero tutto, e come se noi non fossimo che della loro stessa natura. È in questo tempo provvisorio e accidentale, però, che noi possiamo decidere per ciò che è oltre il tempo, per ciò che è eternità, per la possibilità più propria della nostra esistenza. Nel tempo io realizzo il mio fine, scegliendo liberamente ciò che è sopra il tempo come sua cessazione – ciò che è compiuto, che non ha da divenire alcunché d'altro per dirsi definitivo. Io mi decido per questo vero Essere che è nel mondo come suo nulla, nella tensione verso di esso; è questa la decisione autentica dell'uomo. Ogni altra possibilità è solo un inabissamento nella disperazione.

Troviamo la quiete solo nel nulla rispetto al corpo e al mondo, sciolti da ogni legame con essi, fermi nell'alterità da tutto quello che non è mai stato voluto. La decisione più rilevante della nostra vita è quella per l'Essere, che è nulla rispetto al mondo, un nulla che segna il giudizio definitivo su ogni nostro tentativo di stare a nostro agio nel mondo. Decidersi per l'Essere, che è la vera alternativa al senso del mondo, vuol dire mostrare la nullità di ogni parte di "realtà" di quest'ultimo, e, in ultima analisi, la nullità dell'uomo. Muoversi incontro a questo ulteriore comporta che io penetri nella profondità di me stesso. Ciò che io sono, ora, davanti a questo reale, diviene chiaro in quanto viene illuminato da questa ulteriorità: io comprendo la mia esistenza non in quanto essa è se stessa (poiché essa non "è"), ma in quanto essa è se stessa nell'Essere. Io, che dal mio punto di vista sono inconoscibile, mi comprendo solo nel momento in cui, accogliendo l'Essere oltre il mondo, in esso mi riconosco come nella mia dimora. Con ciò, io mi rendo partecipe dell'Essere – di ciò che è nulla per il mondo. Abitare nell'Essere è l'opposto dell'abitare nel mondo. Tra le due alternative non vi è possibilità di confusione: nell'Essere si è sì nel mondo, ma non si abita il mondo.

A me è buono restare legato all'Essere vero, poiché, se non rimanessi in esso, non potrei nemmeno permanere nel mio essere. Io raggiungo l'equilibrio e la quiete solo quando, entrando in rapporto con me stesso, mi protendo con decisione ferma nell'Essere che non pone nulla – poiché esso, in sé, è tutto.

L'Essere è solo per se stesso e in se stesso. Io vivo nell'Essere quando, dentro il mondo, riconosco ciò che l'Essere è, in quanto tutt'altro rispetto al mondo. L'Essere, in certo qual modo, mi ama, proprio perché non mi ha posto – mi ama perché odia e rifiuta il mio corpo e il mondo.

La potenza dell'Essere è la sua costanza nel mantenersi differente da me e dal mondo. Al di là delle cose noi vediamo, con la mente, l'invisibilità dell'Essere – il suo nulla. Il corpo del mondo, allora, non indica l'Essere, non parla di ciò che gli è differente in modo assoluto. Il mondo si mostra come un immenso teatro, finemente elaborato, in cui si muovono figure in cerca del suo senso ultimo. L'Essere, come ulteriorità assoluta rispetto a questo vasto scenario nel quale siamo capitati, sta, inebriato di sé, chiuso nella sua indicibile vita eterna.

FRAMMENTO 7

In quanto gettati in un mondo che non avrebbe mai dovuto essere e che non è l'Essere, noi ci sentiamo spaesati. Compiamo un primo passo al di fuori della realtà del mondo quando iniziamo a comprendere la nostra esistenza; subito, però, ci troviamo qui di fronte all'insormontabile muraglia che, separandoci dall'Essere, ci lascia ignoranti circa la nostra stessa essenza. Io posso rischiarare, muovendo dal mondo, parti del mio io – e magari potrei riuscire persino a descrivermi del tutto; ma questo può accadere solo in quanto l'io venga considerato come oggetto nel mondo. La riflessione attorno all'io come soggetto, fuori dalla portata di una conoscenza oggettiva, rimarrebbe però sempre al di là delle possibilità dell'uomo che vive nel mondo. Questo scoglio, nel quale ci imbattiamo, è rivelatore della realtà inferiore del mondo e del nostro io che esiste in esso. L'oscurità, nella quale si cela l'origine della nostra esistenza a una considerazione puramente oggettiva della realtà, non è che una voce che chiama fuori dal mondo – una voce che chiama dall'oscurità e come oscurità. Ma allora l'origine che noi siamo, avvolta in questa impenetrabile coltre di nubi, è sorgente di una non conoscenza che illumina, in modo limpido, la vera origine dell'io; in altri termini, essa rischiara se stessa. Senso e significato sono nella trascendenza dell'io. L'io sceglie per il senso e il significato che lo trascendono come esistenza nel mondo.

Ciò che io sono come esistenza è da superare: solo nel mio superamento io sono aperto a un presente in cui conquisto quello che io già sono – la mia parte di eterno che si scoprì qui, in me. In quanto io sono l'eterno in me, io sono già, al di qua di ogni poter essere – un potere che mai raggiunge l'essere che vuole, a meno che non intenda compiere l'impossibile di perdersi come potere per trasformarsi in essere. L'esistenza viene oltrepassata in virtù di ciò che già da sempre è, in un'ulteriorità nell'io che si relaziona all'Essere, del quale è parte.

In questo processo non vi è traccia alcuna di una conoscenza oggettiva riguardante l'io, poiché a conoscere in modo oggettivo è l'esistenza; la profondità interiore dell'io, però, non conosce in tale modalità. Nell'illuminare sempre di più me stesso, io non conosco me stesso come un distinto oggetto di conoscenza, bensì divengo, volta per volta, consapevole sempre di più di ciò che mi precede, di ciò che, standomi dietro, viene prima di ogni mia parola e ogni mia azione. Non si tratta di qualcosa che mi permette di essere ciò che io sono in quanto esisto nel mondo, bensì di ciò nonostante il quale io csisto c a dispetto del quale io sono venuto all'esistenza; nonostante il suo "sì" potente indirizzato solo a se stesso, io sono qui, in questo mondo senza senso né valore. L'Essere vero ci viene incontro e poi ci sta a fianco sempre proferendo il suo "sì!", con ciò negando tutto quello che esiste al di fuori di esso; noi, congiungendoci a questa affermazione, confessiamo la nullità nostra e, con essa, quella di tutto il mondo.

Io sono divenuto trasparente a me stesso. In quanto tale, sono consapevole dell'Essere in sé. L'Essere illumina l'io a partire dalla sua condizione iniziale di smarrimento di sé e di identificazione col mondo, per condurlo poi al riconoscimento della trascendenza in sé dell'Essere vero, del quale l'io è parte.

Da una parte, l'io si allontana da sé, dall'esistere come semplice corpo legato al mondo e confuso con esso; dall'altra, si avvicina a sé, al suo io in quanto immagine vera, com'è fin da sempre, posta nel suo fondamento autentico che non ha posto nulla fuori di sé.

Quando ci identifichiamo col mondo, il tipo di verità cui possiamo aspirare di ascendere ci parla di un essere che vuole questa nostra realtà terrena, con tutto ciò che essa contiene. Tutto questo discorrere non si avvede del cerchio ristretto all'interno del quale si muove. Questa posizione, infatti, non tocca minimamente l'essenza vera dell'Essere. Infatti, l'essere che lì viene pensato è solo una relazione tra il "ciò in virtù di cui" o "ciò per mezzo di cui" qualcosa viene ad essere, e il "qualcosa" venuto ad essere in varie modalità. Non viene affermato niente riguardo a qualcosa che oltrepassi tale relazione. Quest'ultima, in tale impostazione, si realizza all'interno della realtà di ciò che non è Essere: in definitiva, qui si fa scadere l'Essere al livello di qualcosa che cambia, che muta, perché lo si pensa come qualcosa che manifesta in qualche modo il mondo, oppure che lo produce, o che lo crea, o che lo è. Da una parte si vuole pensare e proteggere una differenza tra "ciò che origina" e ciò che da esso è originato, ma, dall'altra, tale differenza è cancellata proprio per il riferimento dell'Essere al mondo. L'io che si rapporta a un Essere pensato in questo modo non può che esser disperato. Ogni movimento in direzione di un tale Essere riporta l'io al mondo e alla sua limitatezza – determinando l'io a volere se stesso nel suo solipsismo chiuso sul mondo, e nient'altro. Con un principio così concepito, non si può che rimanere se stessi – non si potrà mai divenire ciò che è al di là dell'io nel mondo – non è pensabile un oltrepassamento della vita psicologica, chiusa, in modo autoreferenziale, nel circolo di ciò che è mondano.

L'esistenza del mondo e dell'uomo nel mondo è un accadere che ha origine da una profondità insondabile, che non ha nulla a che fare con l'Essere vero. Non vi è niente verso cui questo accadere si muova; non vi è un significato dell'accadere, né un'idea che esso realizzi. Il mondo e l'uomo non hanno un fine e un significato che li oltrepassi. Tuttavia, si tende a credere che vi siano un fine e un significato di *questa* totalità. Questa realtà da sempre diveniente non è che un nulla di morte e sofferenza, un bubbone malato e sporco continuamente autorigenerantesi e sempre uguale a se stesso. La vita umana diviene consapevole di sé solo nel trascendere se stessa a partire dalla sua profondità interiore, in una libertà per se stessa che è la sua vera possibilità. Muoversi oltre l'esistenza nell'immediatezza, situandosi in se stessi nell'Essere, è il vero trascendere dell'io oltre la propria inconoscibilità.

Nel superare se stesso, cogliendo la trascendenza dell'Essere rispetto al mondo e all'uomo, la libertà trova il suo appagamento e il suo compimento. L'io esce così, alla fine, dalla sua caverna, dalla sua segregazione nel mondo.

Poiché io non posso *essere* me stesso nel mondo – non posso essere in modo appropriato, autentico, dato che solo l'Essere vero "è" – io non sono. Io e il mondo che mi circonda "siamo" in questa modalità dimidiata. Con questa consapevolezza, aprendomi a ciò che "è" io realizzo la mia essenza. Questo movimento non porta lontano dall'io, poiché non si dirige verso l'esterno in senso concreto. L'Essere non è qualcosa a cui si possa pervenire in qualche modo. Il luogo in cui lo si può pensare nel modo più conveniente alla sua natura, anzi, è proprio nell'io, ma ciò non significa che esso coincida con l'io. La tensione verso l'Essere conduce l'io verso se stesso e oltre se stesso, in modo assoluto. La ricerca di sé termina col rinvenimento di ciò che, nell'io, è oltre l'io.

L'io che si concentra solo sul percorso che porta verso l'io, nel tentativo di comprendere quest'ultimo in modo sempre più profondo, perde di vista l'essenza dell'io. Con una tale ricerca di sé, infatti, l'io trova solo ciò che è fuori dall'Essere, che è il tutto. Questa è la disperazione che distrugge l'io nel suo essere eterno.

L'Essere è già posseduto, oppure non potremo
mai possederlo. Riguardo a ciò che trascende in
modo assoluto ogni esistente, niente mi impedisce di
pensare che mi sia già dato. Questa trascendenza, in
effetti, è solo per me, perché un trascendente che non
sia per me non mi è di interesse alcuno. Senza
l'Essere, presente in me come eterno nella mia
profondità interiore, io sono solo come un esistente.
L'Essere, poiché non è ciò che fonda quello che io
stesso sono come essere esistente in un mondo, è già
posseduto da me.

L'Essere non è un fondamento che assicura la
realtà del mondo nel suo essere. Se così fosse, vi
sarebbe l'Essere in sé e l'essere del mondo. Ma
l'Essere è uno. Esso non si dà al mondo e all'uomo.
Esso è bensì rapito nell'uomo, che lo scopre in sé
come eterno. Esso è segregato nell'io, è condotto qui,
nell'essere umano, il quale, privo, solitamente, di
ogni consapevolezza dell'eterno in lui, vive, in questo
rapimento dell'Essere, la propria esistenza
quotidiana. L'uomo, che esiste al di fuori dell'Essere,
è sospinto verso la dimenticanza completa
dell'Essere: questo stato nell'ignoranza è reale e
solido, e ha la sua legge, che è quella della negazione
del nulla. L'uomo, in questa condizione, vive
dimenticando l'Essere, circondato sempre di più da

pezzi di realtà mondana, da cui ottiene sollievi
momentanei alla sua sofferenza. Il corpo e il mondo
tengono imbrigliata la nostra memoria come
guardiani malvagi, impedendoci di alzare lo sguardo
e di ricordarci del rapimento dell'Essere.

L'uomo è vittima di un rapimento. È l'Essere a
venir rapito e condotto qui. Questo non va contro
quanto affermo della sua inalterabilità. Qui, dove
viene portato l'Essere, è proprio il luogo in cui esiste
l'uomo nella sua modalità propria. Non viene
solitamente compresa la presenza dell'Essere
nell'uomo, poiché qui troviamo solo l'uomo, nella
sua esistenza all'interno di un mondo. Ma nella
profondità interiore della nostra esistenza, sigillato
ermeticamente, possiamo rinvenire un intrico inutile
e senza senso – a una considerazione mondana – che
non è nulla di cui si possa parlare come di un oggetto
della nostra esperienza quotidiana.

L'Essere viene rapito. Quest'atto, a uno sguardo
superficiale, non si presenta in modo palese per ciò
che è. Noi siamo attaccati alla vita; eppure, veniamo
all'esistenza da un atto di violenza che sottrae
all'Essere una parte infinitamente piccola della sua
essenza. Noi non siamo in nessun modo responsabili
di tutto questo – sebbene la tendenza alla distruzione
e all'annientamento di sé, insita nella natura umana,

possa indurci a pensare che essa stessa sia la causa di tale rottura iniziale. In realtà, vale l'opposto: la nostra tendenza al male è originata da tale strappo originario.

FRAMMENTO 8

Mancando di una radice nell'Essere – avendo come fondamento il nulla, il quale rompe la pienezza dell'Essere – l'uomo, nel mondo, vive del tutto senza direzione né significato.

L'uomo non si dà solo come cosa che esiste nel mondo. Egli può davvero vivere solo rispondendo al silenzio dell'Essere, che conduce fuori dalla disperazione del nostro esser situati qui.

Non accorgersi per nulla che si può realizzare l'Essere, è disperazione di un'esistenza inautentica, chiusa nei limiti del mondo, che circonda l'io come una muraglia invalicabile. La quiete dell'Essere, nel suo isolamento assoluto, seduce l'uomo e, con ciò, lo sospinge verso il suo silenzio, in cui l'uomo è davvero se stesso.

Oltre la mia libertà personale che si esplica in rapporto al mondo, si trova la libertà che si concretizza nella mia relazione all'Essere; si tratta di una libertà che sta al di sopra di quella che si può intrattenere col mondo. La libertà, in questo senso, è nel nostro adeguamento all'affermazione di sé

operata dall'Essere stesso, che realizza, nello stesso
tempo, il rifiuto di tutto ciò che è corpo e mondo – di
tutta la "realtà" a noi esterna. Per accogliere
liberamente la nostra libertà per l'Essere, dobbiamo
superare un ultimo ostacolo: la nostra tendenza a
credere che l'Essere sia da pensare come ciò in virtù
di cui ogni pensiero e ogni essere del mondo è
possibile. Qui si rimarrebbe imprigionati all'interno
del mondo, poiché – come ho già affermato – con
questo concetto di Essere si pensa quest'ultimo solo
come relazione al mondo. L'Essere vero non va
confuso con una trascendenza che rende possibile il
nostro pensiero del mondo e il nostro rapporto col
mondo, né che ponga in essere la realtà del mondo.
Se l'Essere viene concepito in modo inadeguato
come ciò in virtù di cui l'uomo entra in rapporto col
mondo, o come un dio che crea un mondo che
l'uomo riduce, allontanandosi da lui, alla condizione
di sofferenza in cui versa ora – allora non sarà mai
pensato l'Essere vero, ma solo un retromondo, "un
dio sofferente e tormentato", autore di un giocattolo
per il suo divertimento. L'Essere vero è oltre ogni
rapporto con ciò che gli sia opposto. È un punto che
noi possiamo ricordare come ciò in cui è l'unità. Io
entro in contatto con l'Essere solo se la mia libertà
per me stesso e per il mondo si assottiglia fino a
divenire un nulla, poiché solo così viene lasciata

essere la libertà cui è posto un limite nel principio del mondo. La mia libertà limitata deriva da una rottura della libertà originaria di cui godiamo nell'Essere – il quale, in sé, continuando a persistere nella sua libertà prima di ogni rapporto, spazza via da sempre lo spazio che si crea al suo esterno. Il luogo che noi occupiamo – questo incubo reale – non ha alcun potere sull'Essere vero. Oltre l'Essere vero, al di là del suo stare in sé, si erge il nulla del mondo e della nostra esistenza in esso. Che il nulla sia opposto all'Essere non significa nient'altro che esso "esiste". L'Essere, infatti, non si può dire che esista; esiste solo il nulla, che manca della pienezza di sé dell'Essere vero.

Che cosa mai sono, io, quando non riesco a comprendere tutto ciò che io sono? Quando non riesco a comprendere tutto ciò che sono, io sono corpo. È questa identificazione a tener lontano l'io dalla comprensione di sé. Ma perché lo spirito umano, nella sua profondità interiore, non risiede permanentemente nel riconoscimento di ciò che è? Perché siamo costantemente trascinati verso l'oblio di ciò che è la verità? Questo ci riempie di gran meraviglia e stupefazione. L'unica felicità della vita è godere della verità; ma non c'è verità se non posso riconoscere costantemente l'Essere vero fuori del mio io che esiste nel mondo; se mi identifico col mio corpo, non potrò mai riconoscerlo, non potrò comprendere tutto ciò che io sono – perché la mia mente sarà rivolta a me stesso e al mondo, in modo da escludere dalla sua considerazione ciò che è.

Con fatica immane, ogni volta dobbiamo sforzarci di riconoscere di risiedere già nella verità. La mente deve ripercorrere a ritroso il sentiero che l'ha portata qui, affinché possa riuscire a pervenire alla quiete del suo riposo.

Fintanto che cerchiamo di conoscerci attraverso il mondo e il corpo, la comprensione di sé deve sbattere costantemente contro un muro, eretto dall'Essere stesso in quanto non è identico ad essi. Per questa erronea direzione dello sguardo, l'io non comprende se stesso.

Io sono l'ostacolo più grande a me stesso quando, volendo conoscere la verità, osservo solo me stesso, che non sono la verità. Ciò che è vero è riconoscibile solo tramite se stesso. Solo nell'Essere io posso riconoscere l'Essere; in me, conosco solo me, la mia assenza di fondamento, la costante novità del mio mutare. L'Essere si può riconoscere solo in sé – nel duplice significato di "dentro se stessi" e "in se stesso, a partire da se stesso". Ma i due sensi sono, in realtà, uno: è nell'uomo il luogo in cui l'Essere si può rintracciare; ma è solo nell'Essere che io posso riconoscere l'Essere – l'Essere non dispone di una modalità altra, nella quale e per mezzo della quale possa mostrarsi all'uomo. Non esistono modi in cui l'Essere si esplichi. L'Essere, in effetti, non esce affatto fuori di sé, ma rimane chiuso all'interno del proprio confine segnato dalla sua stessa potenza, senza mai travalicarne il limite. Questo ci conduce a porre una identità fra ciò che ricorda e ciò che viene ricordato: ricordando l'Essere vero, l'io ricorda se stesso. Io, nel ricordarmi dell'Essere, non faccio altro che rendere chiara a me stesso la mia appartenenza all'Essere. L'io che appartiene all'Essere è in me, nella mia profondità interiore.

Quale io, allora, può ricevere questa consapevolezza dell'identità? Non l'io mutevole, che è parte dell'insieme dei corpi e delle molteplici appariscenze della natura. È bensì la nostra profondità interiore a riceverla. Ma questo modo di esprimersi è fuorviante. Non vi è, infatti, alcun soggetto che ottiene qualcosa, perché l'Essere è già tutto insieme in se stesso. Il ricordo dell'Essere ci riconduce al luogo in cui risiediamo da sempre, avvolti da una tenebra impenetrabile che non può nulla di contro alla luce abbacinante di ciò che è.

È la mente il soggetto che può sprofondarsi in se stessa e giungere fino all'Essere, come al reale da cui essa è fuoriuscita. È nella mente – in questa nostra profondità interiore – che si cela l'eterno nell'uomo. Essa sa spingersi a scrutare regioni remote, ma dimentica ciò che le è di più vicino. Che cosa ci è più vicino dell'Essere vero? È nella mente a dover essere cercato il frammento dell'Essere che è stato strappato – quella parte che reca ancora le tracce della violenza iniziale che pose un sigillo sull'atto del suo rapimento. Nella nostra profondità interiore portiamo la nostra parte di Essere. Come possiamo, però, trovare la felicità, se noi non siamo tutto l'Essere vero in sé? È solo fino alla nostra parte di Essere vero, nella profondità interiore della nostra mente, che ci è data la possibilità di spingerci? In realtà, è qui, nella mente, il luogo in cui troviamo l'Essere nella sua differenza assoluta dal mondo – l'Essere in cui noi superiamo il nostro nulla. Nella nostra profondità interiore noi attingiamo l'Essere da cui fummo separati. Recando in noi una parte della totalità, manteniamo il ricordo dell'unità iniziale e, con essa, dell'Essere in sé. Rivolgendo il mio pensiero al luogo in cui si trova la mia profondità interiore, io lì entro, con lo stupore di chi scopre il suo tesoro segreto. In questa profondità rinvengo la mia radice, che si protende verso l'Essere da cui fu strappata. Il rapporto fra radice ed Essere è quello che vi è tra la parte e il tutto: conosco la mia parte e ricordo il tutto.

Dal giorno in cui cessai di conoscere l'Essere, non vi è nulla, dell'Essere, che non sia da me ricordato; in questo ricordo è, ora, la realizzazione dell'Essere. Vi è stato un giorno, dunque, in cui conobbi l'Essere. Dove lo trovai, all'inizio – e come lo conobbi – per poterlo poi ricordare? Ovviamente non in me – non in questo corpo che viene dopo il rapimento dell'Essere. Lo trovai, invece, nell'Essere stesso, al di là e al di sopra di questo nulla di cui siamo parte – di questa mera esistenza mai voluta dall'Essere. Lo trovai e poi lo tenni stretto, e ora lo conservo in me, come cosa più preziosa, che acceca la morte.

È il ricordo dell'Essere – che è ricordo di sé in ciò che è più alto di se stessi – a salvare l'uomo, poiché in esso noi, sollevandoci al di sopra del mondo, ci rendiamo conto della nostra vera natura. L'Essere vero è in se stessi come ricordo di un'unità perduta, ed è sopra se stessi poiché l'unità è, appunto, perduta e ormai realizzabile solo a dispetto del corpo e del mondo. Nell'Essere è la vita e l'amore; nella sua vicinanza i nostri occhi vedono la luce, il nostro respiro viene vivificato, e ogni atto volge al suo fine. La sua parola è suono che dice ognuno di noi, eternamente, in un solo istante. Ora il ricordo si accende e cancella il mondo – il ricordo, "dolcissimo e possente dominatore della mia profonda mente". Sulle sue ali noi risaliamo a ciò che si trova prima del tutto. È qui che ritorniamo nella casa in cui l'Essere vero riposa in sé – nel seno materno, da cui ci siamo allontanati come da un pastore premuroso.

Riconoscendo la nostra profondità interiore nel reale assoluto che è l'Essere, nel quale abbiamo la nostra vita in senso proprio, noi ci distacchiamo dalla nostra esistenza nel mondo. La nostra originaria situazione nell'Essere – la quale è una perfezione da questo conosciuta – permane uguale a se stessa, anche all'interno del mondo e del nostro corpo. Questo è il vero distacco. Qui, nell'unità perfetta di ciò che è, oltre il corpo e il mondo, senza gelosia, desiderio o dolore, rinserrati nell'unità dell'Essere vero, rinasciamo alla condizione di libertà dalla morte e, riposando in ciò che è senza movimento, ormai non più gravati dal peso della ricerca, viviamo stabilmente nella verità.

FRAMMENTO 9

L'eterno nell'io è una sorgente estranea al mondo e al corpo – è la vera casa, in cui l'io risiede in se stesso. È la parte dell'io che non proviene dalla fonte da cui sgorga l'universo. Questo spazio interiore, differente da ogni realtà di cui si ha esperienza, è sparso dappertutto, nei corpi, nelle persone.

Quando scopriamo in noi la nostra parte di Essere e poi ci rendiamo conto di coincidere con essa, iniziamo a prendercene cura. Al contrario, quando ci insediamo nella nostra esistenza nel mondo, noi, rimanendo all'oscuro della sorgente, siamo solo corpo privo di fondamento, affondato nella sola realtà di ciò che esiste. "Niente è dentro, niente è fuori; poiché ciò che è dentro, è fuori", scrive Goethe. Noi siamo fuori, in quanto corpo nel mondo, e siamo dentro, in quanto eterno nell'io.

La forza esterna del corpo e del mondo, all'interno della quale l'eterno è stato imprigionato, intende distruggere l'eterno nell'io, schiacciandolo sempre di più in un angolo dove vuole che marcisca e poi scompaia definitivamente. L'io che ha riconosciuto la propria identità con l'Essere è in costante vigilanza rispetto a queste realtà, che causano continua sofferenza e dolore.

La mia profondità interiore è il luogo in cui io mi riconosco nell'Essere vero. Essa non vuole nulla di quello che è altro da ciò che è: essa anela a se stessa nella sua realtà piena, che è Essere, trascendenza, ulteriorità perenne che permane in sé, separata dalla sfera del mio io psicologico, discorsivo e razionale.

L'uomo è autenticamente se stesso solo quando riconosce l'Essere nella sua mancanza di relazione col mondo e con l'uomo nel mondo.

Io, nella mia profondità interiore, sono un soggetto assoluto, separato da ogni altro aspetto del mio io psichico, discorsivo e razionale; nella sua radice più intima, l'io è parte dell'Essere vero – Essere che non ha mai voluto alcun io nel mondo, né alcun mondo per un io. Identificandoci invece con la nostra parte psichica, discorsiva e razionale, che vive in superficie, siamo lontani dalla nostra profondità e, dimenticando in tal modo la nostra origine, viviamo smarriti un'esistenza senza senso – perché si riduce a vita che si ostina nel nulla. L'allontanamento dall'Essere è definitivo quando l'io persiste fermamente nella condizione di attaccamento al corpo e al mondo; tale dedizione di sé alla realtà mondana non è altro che un adeguamento definitivo della propria volontà alla logica del nulla, che prescrive, alla coscienza, il perseguimento della distruzione dell'eterno. Qui l'io diviene una sola cosa col nulla: dalle sue parole e dai suoi atti si sprigiona continuamente una potenza devastante, rivolta all'eterno nell'io e, in definitiva, all'Essere stesso. Qui l'immane potenza del nulla riduce la mente a vivere nell'oblio dell'Essere.

L'Essere è del tutto al di fuori del controllo del mio io psichico e razionale. Se lo riconosco, è perché io sono, essenzialmente, parte dell'Essere. Non vi è, nell'io, alcuna precomprensione dell'Essere, che debba poi essere sviluppata in conoscenza piena. L'io che vive nel mondo è all'oscuro di ciò che è oltre il mondo. Solo la mia parte di eterno può riconoscere se stessa come essa è nell'Essere vero. Unicamente come trascendenza essa si incontra così come essa è nell'Essere vero.

Nella mia profondità interiore, l'Essere è rapito e ivi racchiuso come un seme in un terreno fertile, dove, ad un certo punto, inizia a germogliare. Se questo non avviene, non riconoscerà mai se stesso. Ma non vi è nulla che possa essere messo in atto, affinché questo processo abbia luogo. Non abbiamo alcun mezzo, nella nostra esistenza nel mondo, per giungere a questo fine: la parte di me che io sono realmente è totalmente altra rispetto a ciò che io sono come corpo che esiste nel mondo e a ciò che io sono come io psichico. È qualcosa che io già sono; ma se non fiorisce in me, significa che io sono solo esistente nel mondo e destinato al disfacimento completo.

Io sono la mia profondità interiore, che fa risuonare la voce dell'Essere nelle profondità dell'abisso in cui ci siamo smarriti. Le mie parole promanano dalla loro origine e ricadono su di essa, divenendo, con ciò, espressione del mio rapporto con me stesso e del mio ricordo della mia vita nell'Essere che preesiste a tutto. È solo a partire dal ricordo della preesistenza che si può comprendere davvero la nostra condizione di esseri buttati qui e abbandonati. Senza un "da dove", l'essenza del "dove", come luogo in cui ci troviamo, rimane avvolta nell'oscurità. Il nostro anelito al reale più vero trova appagamento nell'Essere preesistente. Non possiamo pensare all'io vero come a una semplicità immediata. Esso deve essere una relazione tra l'eterno nell'io e l'Essere preesistente.

Ciò che è, dice se stesso e basta. Di esso non posso comunicare nulla, poiché a parlare sarebbe solo il mio io che viene dopo la rottura dell'unità – un io psicologico e discorsivo, che esiste nel mondo e che sa parlare solo del mondo.

Affinché l'Essere mi parli, devo conoscere il suo linguaggio. L'Essere incomprensibile, nella mia profondità interiore, parlando di sé con parole che non sono di questo mondo, mi trae fuori dal brusio delle parole che indicano solo le cose di quaggiù. Il linguaggio dell'Essere è muto, se lo mettiamo a confronto col linguaggio della quotidianità appiattita sulla realtà di ciò che è terreno; ma è infinitamente significante, perché è rivelatore della casa dell'Essere.

Quando la parola dismette la sua capacità di annunciare l'Essere, riducendosi a segno che indica solo ciò che è e che poi diviene altro da sé – vale a dire tutto quello che cade all'interno dell'orizzonte della realtà del mondo – il mondo si ingigantisce fino a divenire assoluto e infinito. In questa condizione di oblio dell'Essere viene ormai riconosciuto, come evidenza innegabile, il continuo divenire di ogni cosa – il nascere, il permanere nell'essere, e il suo successivo perire e annientarsi. Come reazione all'angoscia di fronte a questa evidenza, un certo pensiero filosofico, e tutta la riflessione teologica, hanno voluto ancorare il mutevole mondo dell'esperienza a un eterno, che garantisse nell'essere stabile ogni cosa che appare nel mondo – con ciò, annullando il nulla da cui ogni cosa sorge e in cui finisce. In questo tipo di logica, le cose del mondo vengono ammantate di un'ombra che, mascherandone la natura, ce le mostra come se possedessero una ragion d'essere in una mente creatrice in sé buona, e come assolute e buone esse stesse. Vedendo in questo processo un tradimento dell'evidenza originaria, che aveva come suo contenuto il mutamento costante del mondo, un movimento opposto di pensiero ha iniziato a combattere strenuamente ogni eterno che minacciasse l'indipendenza del mondo nel suo carattere di continuo divenire. Avendo salvato il divenire di ogni cosa, l'uomo si muove ora in un mondo privo di ogni eterno – in una realtà in movimento, dove il non-essere, succedendosi all'essere delle cose del mondo, da ultimo riduce il loro essere a semplice emersione di un lampo di luce tanto minuscolo ed effimero rispetto all'immensità del nulla che lo circonda, che persino l'essere stesso che appare viene reso nulla esso stesso. Immerso in tale realtà mutevole e priva di fondamento, "l'uomo è innamorato, ma ama ciò che svanisce" (Yeats).

Sia che si viva nell'illusione della bontà e dell'essenzialità del mondo derivante da un principio primo, sia che si accolga la lezione dei difensori del mutamento di ogni cosa – i quali affermano la sola realtà di un mondo costituito da enti in un continuo passaggio dall'essere al non-essere – l'uomo si trova inserito in un ambito ristretto di realtà, dove persegue i suoi obiettivi nella dimenticanza completa del seno e della voce materna dell'Essere. I due modi di interpretare il mondo (come dipendente da un assoluto e come assoluto esso stesso) dimenticano completamente l'Essere vero. Non vivremo in ciò che è reale, se continuiamo a porci all'esterno di ciò che è.

Il linguaggio dell'Essere è comprensibile dall'uomo nel mondo, ma solo in quanto ci si sia instaurati fermamente nella nostra parte di eterno – ossia dopo che ci siamo riconosciuti in essa. Tale linguaggio esprime la conoscenza di sé dell'Essere. L'uomo nel mondo non ha gli strumenti per comprendere questo linguaggio, che avvolge l'Essere come un mantello, mantenendolo rinserrato in sé. All'io che esiste nel mondo non restano che brandelli di parole, che, come semplici cose del mondo, sono schegge di uno specchio, le quali si riflettono le une nelle altre in un rimando infinito che nasconde l'Essere; sono parole che divengono un'enorme montagna che esclude la visuale della parte di eterno in noi, com'essa è nell'Essere. Questo linguaggio costringe l'esistenza dell'uomo ad accadere nel mondo, all'interno di una cittadella fortificata, al di fuori della verità dell'Essere.

In nessun modo il linguaggio della "scienza" moderna potrà mai riferirsi all'Essere – né, in ultima analisi, all'eterno nell'uomo, che non è che una parte infinitesimale dell'Essere. Nella moderna cosmologia si è in cerca di una descrizione definitiva dell'intero cosmo fisico. Alla psicologia spetta invece il compimento di una descrizione della vita interiore dell'uomo e del modo in cui essa influenza il suo comportamento. A entrambe non viene precluso il raggiungimento del loro obiettivo dal disinteresse, che le costituisce, per la profondità interiore dell'io e per l'Essere. Qualsiasi tentativo di porre al centro del discorso scientifico l'eterno nell'io e, con esso, l'Essere, non renderebbe più completa la nostra conoscenza della realtà. La vita psichica prescinde del tutto dalla profondità interiore – in cui si cela il suo rapporto con l'Essere vero. Anche la spiegazione della struttura su grande scala del tutto raggiunge il suo obiettivo prescindendo da ogni tentativo di spiegazione dell'Essere in generale. L'oggetto proprio di ogni scienza è l'opposto dell'Essere – né potrebbe essere diversamente, poiché la scienza è rivolta alla realtà del "mondo" e solo ad essa. Nella sua essenza ultima, la scienza è il prodotto di un sognatore chiuso in sé nel suo rapporto col mondo, nel quale esiste e nel quale si dissipa e si smarrisce. Pretendere, perciò, che essa ponga al centro l'Essere come suo tema, significa disconoscere la distinzione fra gli ambiti del mondo e dell'Essere; significa che non ci si è liberati dell'illusione di un Essere che, in definitiva, sostiene in qualche modo il mondo. È del tutto a posto una scienza che non si occupi di nient'altro oltre alla realtà del mondo. Essa, in ogni modo, non può far nulla per limitare un pensiero che voglia porsi in ascolto dell'eterno nell'io e dell'Essere. Nella speranza di occupare il campo di un pensiero di tal genere, gli scienziati possono spingersi lontano quanto vogliono nei loro discorsi intorno all'uomo e alla sua posizione centrale nel cosmo. Persino una scienza che arrivi a mettere al centro la vita umana come "ciò in vista di cui tutto esiste", come vertice del cosmo, cadrebbe comunque ancora all'interno dell'oblio dell'Essere – e ciò non sarebbe affatto anomalo. Un tale discorso non farebbe altro che corroborare l'idea secondo la quale il mondo è una "prigione" predisposta proprio al fine di mantenerci nell'ignoranza di ciò che veramente siamo. Il principio antropico, così come la teoria del "grande disegno", sono infatti armi a doppio taglio:

all'interno di queste concezioni, la bellezza del cosmo e la precisione con cui il tutto si presume sia stato regolato ci conducono, da un lato, a supporre che vi sia un orologiaio che abbia predisposto il valore di ogni più sottile forza della natura in modo da permettere il sorgere della vita umana; dall'altro lato, però, non si può non osservare che, a tanta perfetta regolazione, fa da controparte un'imperfezione che ci lascia ugualmente esterrefatti per la precisione con la quale questa arriva a ripercuotersi sull'uomo, in modo eclatante, con la malattia che distrugge una vita, col disagio "psichico" di molti, con l'ingiustizia che domina incontrastata, nonché con la morte causata da disastri naturali.

L'opposizione tra un pensiero e un linguaggio che ricomprendono l'Essere e la soggettività umana nel suo essere eterno, da una parte, e, dall'altra, un pensiero e un linguaggio che dimenticano ambedue gli ambiti, non può affatto cadere all'interno di ciò che è "scienza"; questa persegue nel modo migliore il suo obiettivo di una descrizione del mondo naturale prescindendo da ciò che, trovandosi oltre il mondo, all'interno del discorso scientifico è giustamente considerato un nulla assoluto.

A chi non è interessato alla realtà esterna, ma solo all'illuminazione dell'eterno che è nell'io – ivi ridotto da una potenza aliena all'ordine dell'Essere (ossia da ciò che non è Essere) – è richiesto uno sguardo non scientifico. La voce di questa eternità mi dice che io non sono stato voluto qui dove mi trovo ora – che questo luogo e questo tempo che io sto occupando non sono in alcun modo voluti dall'Essere.

Ciò che è in me come eterno, nella mia profondità interiore, è una parte dell'Essere, la quale è da esso conosciuta perfettamente. Questa condizione non viene perduta col rapimento dell'Essere: la perfezione della mia parte continua ad essere trattenuta dall'Essere. Esso conosce se stesso in modo perfetto, e in questa conoscenza conosce la nostra parte di eterno in modo trasparente. Riguardo a me, nell'Essere, che è vera bellezza, io conosco me stesso così come sono conosciuto dall'Essere. Qui non c'è perciò traccia di una relazione fra soggetto e oggetto: poiché, infatti, nel mio riconoscimento dell'Essere io conosco me stesso come conoscente – ossia come Essere; per questo dico che cade la differenza tra soggetto e oggetto.

A noi è data solo la nostra parte in questo circuito del conoscersi: ci conosciamo come siamo conosciuti, nell'Essere, dall'Essere stesso, nel mezzo del linguaggio che è proprio dell'Essere, allorché ci ritiriamo in noi stessi e, identificandoci con la parte di eterno in noi, rientriamo nell'unità, oltre il mondo che non è mai stato voluto e che rimane sempre un nulla.

La vera bellezza dell'Essere sta prima dell'oggettivazione del mondo e prima della distinzione fra soggetto e oggetto. La bellezza del mondo, invece, è solo fine a se stessa; essa si dà solo per mantenerci nell'oblio del ricordo dell'Essere, dal quale siamo stati separati. Anche ciò che è bello, nel mondo, è solo un nulla che ha origine indipendentemente dall'Essere. Per l'io che si è riconosciuto nell'Essere, ogni massima bellezza di quaggiù si mostra per ciò che è – come schifosa deformità.

Alla deficienza di questo mondo (rispetto al quale noi siamo, fin dall'inizio, estranei) si sfugge definitivamente riconoscendoci nella parte dell'Essere che è nella profondità interiore di ognuno di noi – una parte che, venendo prima della coppia formata da un soggetto che conosce un oggetto, rimane incomprensibile per l'io che vive chiuso

all'interno della muraglia del mondo. È
identificandoci con questa assoluta bellezza che
raggiungiamo la pace già fin da ora: in questa
condizione sappiamo che questa pace è solo l'inizio
di un riposo che non avrà mai fine, quando "il corpo,
che obbedisce alla morte possente" (Pindaro), sarà
distrutto definitivamente.

Poiché la realtà del mondo non manifesta in
nessun modo l'Essere, ma anzi lo oscura, noi
riconosciamo l'Essere come ciò che in sé è vero e
bello solo se ci astraiamo dalle realtà del mondo, che
nascono direttamente dal fondo oscuro che mai è
stato – che mai è nel passato. L'Essere ha a che fare
con me, col modo in cui io mi rapporto a me stesso,
e solo in questo rapporto esso viene mantenuto, nelle
tenebre del mondo, come apertura di uno spazio
trascendente. Qui non si trova alcun luogo in cui la
realtà del mondo possa insinuarsi, ma solo lo spazio
in cui è ciò che è. L'esser reale dell'Essere è per l'io
che pensa se stesso ed è in rapporto con se stesso,
nella sua chiusura totale al mondo. Solo tramite il
suo riconoscimento come interiorità dell'io, l'Essere
irrompe costantemente nel mondo – il quale,
ciononostante, rimane sempre pura nullità estranea
all'Essere vero. Ciò che è, viene portato in questo
modo nel mondo, dove può solo attrarre a sé altre

parti di Essere ivi sparse, ossia ognuna delle parti di eterno che è nelle persone; questo processo può condurre al costituirsi, col tempo, di una associazione di eletti.

L'Essere, con la sua saldezza che lo mantiene fermo in sé, è al di là del bene del mondo e di tutto ciò che è luminoso ed evidente; esso è, anzi, un'oscurità per il mondo, poiché possiede, in sé, una luce opposta a quella di quest'ultimo – che confonde la mente e offusca la vista. L'angoscia del nulla provata di fronte al baratro del mondo che ci si apre davanti è già amore per un altro, un diverso, che non è parte di questa realtà dimezzata e assurda. Chi si instaura nell'Essere vero è innamorato di ciò che è capovolto, di ciò che non è descritto da alcun linguaggio – della tenebra fitta che del mondo dissolve ogni forma sfolgorante. Chi conduce una vita nell'Essere è, nel tempo, al di fuori del tempo, e, nel mondo, è al di là del mondo, senza progetti, senza propositi, senza legame alcuno, poiché comprende di non avere radici nella realtà di quaggiù. Perciò non ha senso alcuno sperare di poter portare *al mondo* la consapevolezza dell'Essere: non vi è nessun tipo di testimonianza dell'Essere che possa convertire il nulla nell'Essere. Non vi è mai un ascolto della voce dell'Essere da parte di ciò che è nulla. Il mondo è da sempre destinato alla fine da cui esso è sorto: solo della parola del nulla è ascoltatore il mondo. L'Essere non necessita di un accrescimento con l'aggiunta di parti di mondo ad esso estranee fin da sempre. Non si potrà mai dare una sintesi dell'Essere col mondo: non è possibile alcun rapporto fra di essi, né mai potrà esserlo, poiché l'Essere è, e il mondo non è.

Riconoscere l'Essere equivale a superare la convinzione che l'uomo sia colpevole. Non si è colpevoli – come invece lo si sarebbe se si potesse volontariamente non prestare ascolto alla voce dell'Essere che trascende il mondo: non siamo stati noi, infatti, a scegliere di esistere qui. Non riconoscere l'Essere non è perciò una colpa, bensì è una condizione in cui ci si trova da sempre. A coloro che non riconoscono l'Essere, non vi è nulla da rimproverare, poiché la loro condizione non è da loro voluta. Verranno distrutti col mondo. Non si trova colpa nemmeno in coloro che, dopo aver udito la voce dell'Essere, si voltano dalla parte opposta per poi sprofondare di nuovo nella disperazione del mondo: è la forza estranea del mondo, che assale l'io costantemente, trascinandolo verso il basso, verso l'annientamento continuo dell'eterno nell'io e dell'Essere – quella forza di negazione assoluta che è all'origine del mondo stesso e che segue la sua propria logica – è questa forza a gettare l'io sempre di nuovo nell'oblio dell'Essere. Tale condizione, che sopraggiunge dopo il riconoscimento dell'Essere, non deriva, in ogni caso, da una libera scelta dell'io; e, comunque, non comporta in alcun modo una regressione dell'io allo stato in cui si trova prima del riconoscimento di sé nell'Essere. Solo coloro che non hanno mai udito la voce di ciò che è davvero, solo di costoro si può ritenere che siano solo corpo e destinati alla fine.

Perché l'Essere è? Questo interrogativo non chiede risposte che poggino su considerazioni logiche. L'Essere "è" – esso "è" il processo della sua costante affermazione di sé. L'Essere, però, solo impropriamente si dice che "è". Infatti, soltanto un oggetto del mondo "è" (e tale "essere" è identico al nulla) – non l'Essere. Chiedersi perché vi sia qualcosa anziché il nulla, dunque, non risulta un domandare adeguato al suo "oggetto", perché quando ci riferiamo a oggetti del mondo si ha a che fare con qualcosa che si muove, che cambia, che è limitato e condizionato, mentre l'Essere non è niente di tutto questo. Esso è segreto, supremo – è ineffabile parola

che risuona e vibra, riempiendo di sé ogni spazio,
tonando in ogni orecchio teso all'ascolto; al di fuori
di esso non vi è nulla. Solo le realtà terrene "sono" –
il loro modo di essere è l'esistere come parti del
mondo, distinte dall'Essere. L'Essere vero non "è" in
alcun modo che sia riconducibile all'essere del
mondo. La mente trova acquietamento solo in un
tale pensiero, poiché in esso – rinunciando alla forma
abituale di razionalità, la quale si riduce a una mera
riflessione di ciò che è nel mondo – fuggendo dai
legami in cui si trova imbrigliata, essa abbraccia ciò
che avvolge tutto e precede ogni esistenza. La
sofferenza e la malattia, la caducità del mondo, il
celere avanzare di ogni esistente verso la propria
estinzione, rimangono, alla luce del reale assoluto,
come mere realtà prive di radice nell'Essere. Ciò che
risplende sempre, nel buio in cui procede il mondo,
non è se non l'eterno nell'uomo – quell'eterno che, in
quanto Essere, venendo sempre prima dell'insieme
dell'esistere e dell'essere del mondo, permane in sé in
un passato che non può essere distrutto.

www.ingramcontent.com/pod-product-compliance
Lightning Source LLC
Chambersburg PA
CBHW070523030426
42337CB00016B/2080